15 MINUTOS
CON DIOS
DEVOCIONALES
para PAREJAS

Bob y Emilie Barnes

Publicado por
Editorial Unilit
Miami, Fl. 33172
Derechos reservados

© 2006 Editorial Unilit (Spanish translation)
Primera edición 2006

© 1995 por Harvest House Publishers
Originalmente publicado en inglés con el título:
15-Minute Devotions for Couples
por Harvest House Publishers
Eugene, Oregon 97402
www.harvesthousepublishers.com
Todos los derechos reservados.

Traducción: Adriana E. Tessore de Firpi
Fotografía de la portada: DigitalVision

A menos que se indique lo contrario, las citas bíblicas se tomaron de la Santa Biblia
Nueva Versión Internacional. © 1999 por la Sociedad Bíblica Internacional.
Las citas bíblicas señaladas con RV-60 se tomaron de la Santa Biblia, Versión Reina
Valera 1960. © 1960 por la Sociedad Bíblica en América Latina.
Las citas bíblicas señaladas con DHH se tomaron de *Dios Habla* Hoy, la Biblia en Versión
Popular. © 1966, 1970, 1979 por la Sociedad Bíblica Americana, Nueva York.
Las citas bíblicas señaladas con LBLA se tomaron de la Santa Biblia, *La Biblia de Las
Américas.* © 1986 por The Lockman Foundation.
Las citas bíblicas señaladas con RV-95 se tomaron de la Santa Biblia, *Reina-Valera
1995.* © 1998 por las Sociedades Bíblicas Unidas.

Usadas con permiso.

Producto 495439
ISBN 0-7899-1390-9
Impreso en Colombia
Printed in Colombia

Categoría: Inspiración/Motivación/Devocional
Category: Inspiration/Motivational/Devotionals

Dedicamos este libro a todos los matrimonios que dedican todos los días quince minutos a leer estas reflexiones. Con los años descubrimos que nuestros lazos se estrechan y nuestro amor mutuo crece cuando hacemos cosas juntos. Descubrirán que este período diario les dará una mayor sensación de dirección y compromiso unido a los propósitos que tengan en la vida.

Si tienen tiempo, hagan juntos lo que se sugiere en la sección: «Actúen». Comenten las preguntas y ahonden en los pensamientos más profundos del otro en cuanto a estas actividades. Estos minutos servirán para que vean satisfecha una preocupación mutua: «¡Nunca conversamos!». Estas actividades les ayudarán a sortear obstáculos en la comunicación si los hubiere. A través de estos devocionales comenzarán a ver que Dios hace una obra maravillosa en sus vidas. Ambos abrirán su corazón al otro y disfrutarán de una mayor transparencia.

Empezarán a hablar de cosas sobre las que jamás creyeron posible. Estos intercambios tendrán un propósito celestial y abrirán la puerta de su corazón para permitir que el Espíritu Santo les hable de una manera renovada.

Aunque si no eres casado, sino un padre soltero o un abuelo solo, hallarás grandes desafíos y reflexiones en estas páginas.

¡Que el Señor les bendiga en la lectura de este libro!

Quince minutos con Dios:
Devocionales para parejas

A partir de la última parte de la década de 1990, Dios obra en los matrimonios estadounidenses de manera poderosa. Cada día son más las parejas que escuchan y responden a su llamado divino. Muchos reconocen a Jesús como su Señor y Salvador mientras otros dedican de nuevo su vida al Señor. Si queremos que estos compromisos produzcan un impacto significativo en nuestras familias, en nuestro país y en el mundo, estos matrimonios necesitan nutrirse cada día y, oramos, que allí tenga cabida este libro.

Una de las maneras en que mantenemos nuestro compromiso con el Señor es cuando leemos su Palabra todos los días. El material de este libro devocional está diseñado para desafiar y alentar a los matrimonios en su progreso espiritual llevándolos a la Palabra de Dios. En cada devocional de quince minutos leerán un pasaje de las Escrituras y una breve meditación basada en la lectura, orarán por lo leído y luego se les desafiará a actuar según lo aprendido.

No es obligatorio leer el libro de principio a fin, sino que pueden saltar de un lado a otro si lo prefieren. En la esquina superior derecha e izquierda de cada meditación hallarán tres cuadritos para que marquen cuando la lean. De esta manera, podrán registrar los devocionales leídos con anterioridad. Recuerden que si dedican quince minutos todos los días durante varias semanas, habrán desarrollado el hábito permanente de pasar un momento con Dios cada día.

Que el Señor les bendiga ricamente al prestar atención y responder al llamado de Dios de llevar una vida en un plano superior al de esos que les rodean. Una de las cosas que mantiene unidas a las parejas es un compromiso con los valores y actividades en común. ¡Que este libro sea parte de esos intereses comunes!

Bob y Emilie Barnes

Andamos demasiado apurados y nos encargamos de muchísimo más de lo que alcanzamos. La Biblia nos aconseja: «Quédense quietos, reconozcan que yo soy Dios» (Salmo 46:10). La belleza no grita. La hermosura es silenciosa. Nuestros mejores estados de ánimo no son ruidosos. Las conocidas peticiones del Divino son siempre en voz baja... un susurro apacible.

Charles L. Allen

La estabilidad de la vida

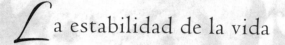

Lectura bíblica: Isaías 33:1-12

Versículo clave: Isaías 33:6

> *Él será la seguridad de tus tiempos, te dará en abundancia salvación, sabiduría y conocimiento; el temor del SEÑOR será tu tesoro.*

Esta semana recibimos una carta de una querida amiga a la que apoyamos de manera económica en su ministerio. Con el paso de los meses nos expresó que Dios la guiaba hacia nuevos caminos, pero que todavía no vislumbraba una luz clara al respecto. Habla de cambios en el horizonte, pero su carta es una continuación de su búsqueda por un nuevo rumbo. En su carta nos comenta:

> En esta etapa de mi vida enfrento cambios en muchos aspectos, y si no conociera al Señor ni supiera que Él establece y dirige mis pasos, me podrían desmoronar algunas de las cosas que veo que suceden a mi alrededor (Salmo 37:23; Proverbios 16:9).

> Solo hace unos días, le agradecía a Dios porque sé que es el mismo ayer, hoy y por los siglos (Hebreos 13:8) y porque a pesar de que las circunstancias y las relaciones quizá cambien, Él nunca cambia ni me abandona (Hebreos 13:5). Trajo a mi mente un versículo que sé desde hace años. Mediante ese versículo, me trajo también consuelo para

estos tiempos de cambio en los que estoy. El versículo es Isaías 33:6: «Él será la seguridad de tus tiempos» (LBLA).

¿No es un consuelo conocer verdades que nos confirman su divina fidelidad hacia nosotros y luego, también, darnos cuenta de que Él es nuestra seguridad?

La palabra *seguridad* indica la fortaleza para permanecer o soportar; indica firmeza; la propiedad del cuerpo que no está en peligro de caerse, cuando desestabilizado de una condición de equilibrio, desarrolla fuerzas que restauran la condición original.

¡Qué promesa! Cuando nos sintamos sacudidos, Él permanece firme y soporta por nosotros. Dios es el que siempre nos devolverá a la condición de seguridad, ¡pase lo que pase!

Si no se encuentran ahora en una situación en que las circunstancias cambiantes sean un factor, quizá no aprecien por completo lo que esta promesa significó para mí en estos últimos días, pero sepan que llegará un momento cuando los cambios serán un factor y, como dije antes, desearán abrazar esta verdad. ¡Les mantendrá llenos de esperanza y confianza en un estado de cambios!

¡Gracias una vez más por su fidelidad!

He aquí a una persona que puede recordar y proclamar que la poderosa Palabra de Dios nos permite superar los tiempos difíciles. Aun cuando nuestra seguridad se estremezca en el presente, Él promete que siempre será el mismo, nunca vacila.

Los cambios son un factor de nuestra vida. Si no es hoy, de seguro lo serán mañana o pasado. ¿No es acaso maravilloso saber que cuando se produzcan los cambios podremos acudir a la Palabra de Dios a fin de hallar la fortaleza para atravesar esa situación? No esperemos a que llegue la tormenta para buscar versículos de consuelo y dirección, sino preparémonos cuando esos días aparezcan en el horizonte (y sin duda lo harán) y tengamos estas fantásticas verdades en nuestra memoria.

Oración

Padre Dios, no sabemos cuándo aparecerán los cambios, pero sabemos que lo harán. Prepara en nuestro corazón esos pasajes de la Biblia que nos darán promesas eternas. Haz que estemos atentos al leer las Escrituras para seleccionar esos versículos que fortalecerán nuestra fe en ti. No queremos esperar sin antes buscar. Deseamos tener atesorados en nuestro corazón esos pasajes que nos aseguran que estarás con nosotros en momentos de necesidad. Gracias, Dios, por ocuparte de todas las necesidades del pasado, del presente y con toda seguridad las del futuro. Amén.

Tomen medidas

- Memoricen Isaías 33:6.
- Anoten en sus diarios cinco hechos de la vida en los que proveyó Dios.
- Descansen en que pueden confiar en Él en las situaciones futuras.
- ¿Vislumbran algunos cambios para ustedes y su familia? ¿Cuáles? ¿Qué versículos les ayudarán a atravesar esos cambios?

Lectura adicional

Salmo 37:23   Proverbios 16:9
Hebreos 13:8   Salmo 42:11

¿*Q*ué es el éxito?

Lectura bíblica: Abdías 2-7

Versículo clave: Abdías 3

> La soberbia de tu corazón te ha engañado, tú que habitas en las hendiduras de la peña, en las alturas de tu morada; que dices en tu corazón: «¿Quién me derribará por tierra?» (*LBLA*)

*E*l verano pasado alquilamos una modesta cabaña en el lago Arrowhead en las montañas San Bernardino, a una hora de viaje de nuestra casa. Sería un fantástico tiempo libre para leer, descansar y relajarse. Nunca disfrutamos de eso lo suficiente.

Durante los tres días que pasamos allí, me llamó la atención una frase que estaba en un cuadro antiguo y lleno de polvo, y que no había notado en los dos primeros días. Estaba colgado en uno de los baños, y cuando tomé tiempo para leerlo, mis ojos encontraron esta colección de pensamientos sobre el éxito:

> Las grandes personas son solo ordinarias con una cantidad extra-ordinaria de determinación [...] Nada se gana sin dolor. Si fracasas en planificar, planificas fracasar [...] Cambia tus pensamientos y tú puedes cambiar tu mundo. Existen infinitas posibilidades en los pequeños comienzos si Dios está en ellos. Edifica un sueño y el sueño te edificará. Poquito a poco, cualquier cosa es pan comido. Yo soy un proyecto de Dios y Dios nunca se equivoca.

No permitas que las imposibilidades te intimiden, permite que las posibilidades te motiven. Toma tus decisiones según la «capacidad de Dios», no según tu capacidad. Lo que eres es un regalo de Dios para ti, lo que haces de ti mismo es tu regalo para Dios. Es posible enfrentar la música con la canción de Dios en tu corazón. Las demoras de Dios no son las negativas de Dios. Prefiero intentar algo grande y fracasar que no intentar nada y tener éxito [...] Mira lo que dejaste, no lo que perdiste. Descubre una herida y cúrala. Tú eres un proyecto de Dios y Dios nunca se equivoca.

Cuando terminé la lectura de esta colección de pensamientos sabios, comencé a pensar en este concepto de éxito. Hoy en día los medios intentan bombardearnos con todo el materialismo del universo para hacernos comparar nuestra aventura con todo lo que el mundo tiene para ofrecer. Mi primer pensamiento fue que si el éxito material traía felicidad, todos los ricos del mundo serían muy felices y todos los pobres serían muy tristes, pero en realidad eso es opuesto a lo que observo en la vida diaria.

Así que me dije: «Entonces, ¿qué es el éxito?». Una cita del pasado cruzó mi mente: «¡El éxito es la realización progresiva de las metas que valen la pena!». Sí, esa es la idea perfecta del éxito.

Eso debe significar que mi esposa y yo tenemos que sentarnos a pensar algunas metas que valgan la pena y atenernos por un tiempo. No se alcanzan al instante, se materializan de manera progresiva... si así lo prefieres, son de gratificación aplazada.

Dos barreras comunes que le impiden a la mayoría de las personas alcanzar sus metas son: 1) hemos hecho un hábito de los fracasos y errores pasados, y 2) tememos fracasar. Debido a estas dos razones negativas, muchos de nosotros jamás alcanzamos nuestro potencial.

A medida que tú y tu cónyuge analicen con detenimiento los pensamientos de hoy, quizá quieran hacer alguna tarea sobre su definición de éxito.

Oración

Padre Dios, pon una cerca de protección alrededor de nuestro hogar de manera que no nos arrastren los temores del pasado. Como cristianos podemos estar seguros del perdón de nuestro pasado. Esos errores no tienen por qué detenernos. Puesto que tú eres soberano, conoces todo de principio a fin; tú estás en pleno control de nuestra vida. Podemos creer tu promesa que se encuentra en Romanos 8:28.

Permite que nuestras energías se concentren en el presente y en el futuro, en vez de en los fracasos del pasado.

Libéranos para pensar de manera positiva en metas que valgan la pena. Amén.

Tomen medidas

- Escribe con tu cónyuge una frase breve referente a su propósito en la vida.
- Siéntate con tu cónyuge y escriban dos metas para cada una de las siguientes esferas de su vida:
  - ❖ Espiritual
  - ❖ Profesional
  - ❖ Económica
  - ❖ Familiar
  - ❖ Hogar
  - ❖ Tiempo libre
  - ❖ Salud
- Después de cada meta escriban la cantidad y la fecha deseada para lograrla (por ejemplo, deseamos ahorrar quinientos dólares para el primero de diciembre). Estas dos categorías de una meta son muy importantes debido a que les permiten evaluar cómo lo hicieron para el primero de diciembre.

- Enumeren dos o tres actividades que llevarán a cabo para conseguir esas metas.
- Consulten cada mes para ver cómo marchan en esas esferas.

Lectura adicional

Romanos 8:28   Romanos 10:1-13

Isaías 55:1-7

Qué contar

No cuentes los años
    que han pasado,
Solo cuenta el bien
    que has hecho;
Las veces que has
    prestado ayuda,
Los amigos que has ganado.
Cuenta tus acciones bondadosas,
Las sonrisas, no las lágrimas;
Cuenta todos los placeres
    disfrutados,
Pero nunca cuentes los años.

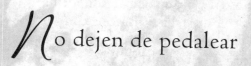o dejen de pedalear

Lectura bíblica: Proverbios 3:1-8

Versículos clave: Proverbios 3:5-6

> *Confía en el SEÑOR de todo corazón, y no en tu propia inteligencia. Reconócelo en todos tus caminos, y él allanará tus sendas.*

Al principio consideraba a Dios como mi observador, mi juez, guardando las cosas que hacía mal, a fin de saber si merecía el cielo o el infierno cuando muriera. Él estaba ahí como si fuera el Presidente. Sabía que estaba, pero no lo conocía en realidad.

Después, sin embargo, una vez que reconocí a Dios, me pareció como si la vida fuera más bien un paseo en bicicleta, pero en una bicicleta doble, y noté que Dios estaba atrás ayudándome a pedalear.

No recuerdo bien cuándo me sugirió que intercambiáramos de lugar, pero la vida no fue la misma desde entonces. Me refiero a la vida sin mi Dios. ¡Dios hace la vida emocionante!

Cuando yo tenía el control, conocía el camino. Era un poco aburrido, pero previsible. Se trataba de la distancia más corta entre dos puntos. Entonces, cuando Él tomó la dirección, me llevó por atajos agradables, escalamos montañas, atravesamos pedregales, ¡y a velocidades

increíbles! ¡Hacía todo lo que podía para sujetarme! Aun cuando parecía una locura, Él decía: «¡Pedalea!».
        Preocupado y ansioso, le preguntaba: «¿Adónde me llevas?». Él reía, pero no contestaba. Empecé a conocer la verdad. Olvidé mi vida aburrida y formé parte de la aventura. Y cuando decía: «Tengo miedo», Él se reclinaba y tocaba mi mano.
        Me llevó hacia personas con dones que yo necesitaba: dones de sanidad, de aceptación, de gozo. Ellas me entregaron esos dones para que los llevara en mi viaje... nuestro viaje, el de Dios y el mío. Y continuamos. Él me dijo: «Reparte los dones. Son una carga extra, demasiado peso». Así lo hice con las personas que encontrábamos y descubrí que al dar, recibía, y aun así nuestra carga era ligera.
        Al principio, no confiaba en darle el control de mi vida. Pensaba que la arruinaría; pero Él conoce los secretos del ciclismo. Sabe cómo doblar en las esquinas cerradas, cómo saltar las piedras y cómo volar para acortar senderos escabrosos.
        Y estoy aprendiendo a cerrar la boca y pedalear por los sitios más extraños, y estoy comenzando a disfrutar del paisaje y de la fresca brisa en el rostro con mi compañero de deleite perpetuo: mi Dios.
        Y cuando sé que ya no puedo más, Él sonríe y me dice: «Pedalea»[1].

Cuando algunas personas comentan: «Ah, la vida es tan aburrida que ni siquiera tengo voluntad de levantarme en la mañana», no comprendemos cómo es su viaje. Para nosotros la vida es tan fabulosa que saltamos de la cama cada día con la expectativa de ver lo que Dios nos tiene reservado.
        Cada día es una verdadera aventura. Varias veces Dios solo dice: «Vengan conmigo y confíen en mí». Sería lindo conocer cada detalle, qué hay detrás de cada cordillera y lo que nos espera a

cada vuelta de la esquina de la vida, pero Dios con mucha paciencia nos dice: «Confía en mí. Tú pedalea que yo dirijo». Nuestra respuesta con frecuencia es: «¿Estás seguro de conocer el camino? ¿Y si te equivocas con mi vida? Sin embargo, Señor, nunca pasé por aquí. ¿Y si...?». El diálogo podría continuar por horas, días, meses pero al final llegamos al punto en que decimos: «Dios, tú diriges y yo pedaleo».

Como lo afirma nuestro pasaje clave de hoy: debemos confiar en el Señor de todo corazón y no en nuestra propia inteligencia. Eso es algo muy difícil de hacer si no estamos acostumbrados a entregar nuestra vida a Alguien que es mayor que nosotros. Solo debemos relajarnos y permitir que Dios sea todo lo que Él dice ser: CONFIABLE.

Oración

Padre Dios, tú sabes cuánto nos cuesta rendirnos y permitirte actuar. Nosotros como seres humanos estamos muy acostumbrados a tener el control. Nos resulta muy difícil confiar en otra persona; en especial en alguien que no podemos ver ni tocar. Por favor, permanece cerca de nosotros cuando dudemos. No es que no queramos confiar, sino que es algo muy nuevo para nosotros. Por favor, ten paciencia con nuestros pasos vacilantes, pues un día seremos capaces de correr sin tropezar, pero ahora nos sentimos como un bebé que comienza a gatear. Amén.

Tomen medidas

- Anota en tu diario cuatro cosas que los han estado molestando a ti y a tu cónyuge y que desean entregar a Dios.
- Lee los versículos adicionales que se mencionan a continuación. Fíjate cómo puedes aplicarlos a las cuatro situaciones mencionadas.

- Comenta con tu cónyuge esas cuatro situaciones, sé lo suficiente transparente para arriesgarte un poco delante de tu cónyuge.

Lectura adicional

Salmo 46:1-2	Mateo 6:31-32
1 Pedro 5:7	Salmo 40:4

Mi regalo de amor

Amarte a ti jamás será una abdicación de mi propio yo. Quizá podría entregarte mi vida por amor, pero jamás podría negar mi identidad como persona. Trataré de ser lo que necesites que sea, hacer lo que necesites que haga, decir lo que necesites escuchar. Al mismo tiempo me comprometo a una relación sincera y limpia. Como parte de mi regalo de amor, te daré siempre mis pensamientos, mis preferencias, aun cuando crea que tal vez sean desagradables o incluso dolorosos para tus sentimientos.

John Powell

¿*L*eyeron el libro?

Lectura bíblica: 2 Timoteo 3:10-17

Versículo clave: 2 Timoteo 3:16

> *Toda la Escritura es inspirada por Dios y útil para enseñar, para reprender, para corregir y para instruir en la justicia.*

En una carta reciente de los traductores Wycliffe de la Biblia, recibimos de Hyatt Moore, director, un comunicado que decía:

En 1835, el erudito de Harvard Richard Henry Dana interrumpió sus estudios y se fue al mar por su salud. De sus experiencias escribió *Dos años al pie del mástil*, el primer relato de la vida de mar escrito desde la perspectiva de un marino común.

Era una vida muy dura, a menudo peligrosa, casi siempre incómoda, la comida invariable y escaso contacto humano. Mientras trabajaba en la costa occidental buscando cuero (para zapatos en el este), Dana escribió: «Aquí estábamos en una pequeña nave, con escasa tripulación en una costa civilizada a medias, en el fin del mundo...». Estaba en Santa Bárbara, California.

Para empeorar las cosas, el capitán era un tirano. Castigaba una pequeña infracción con una brutal paliza. En el barco no existía más ley que la suya, ni desagravio, ni salida. Fue esta clase de experiencia la que hizo que Dana se jurara que si alguna vez regresaba a América

(California era parte de México todavía), se dedicaría a difundir los sufrimientos de esta clase de personas, de las que él era parte.

A decir verdad, fue lo que ocurrió. Más tarde, Dana tomó la ley marítima y llevó a buen término algunos cambios importantes.

Desde entonces, Dana ha quedado casi en el olvido. Hay un pueblo que lleva su nombre, con una estatua, una réplica de su navío y objetos curiosos para los turistas. Con todo, si la gente no lee su libro, no conoce su historia... y la mayoría no lo hace.

En cierto sentido existe un paralelo entre lo que hizo Dana por los hombres de mar y lo que hizo el Señor por todos nosotros. Él vino y se identificó con los pobres, los trabajadores, los que sufren y dedicó su vida a solucionar nuestros pesares. En los años subsiguientes, se erigieron estatuas y se vendieron objetos de interés, pero gran parte de la gente todavía no conoce mucho acerca de nuestro Señor. La mayoría todavía no ha leído su libro[2].

Como matrimonio es muy importante que establezcamos un tiempo donde, de manera individual o colectiva, podamos estudiar la Palabra de Dios y ver lo que tiene Él para nosotros.

A veces tenemos seguros, tarjetas de crédito y pólizas que nos garantizan privilegios que desconocemos porque no hemos dedicado el tiempo para leer todos los beneficios que tenemos por ser miembros de cierta prestigiosa organización. Lo mismo ocurre con la Biblia. Nos perdemos algunas de las grandes bendiciones porque no dedicamos el tiempo para leer el Libro.

He aquí algunas bendiciones a considerar:

- Porque tanto amó Dios al mundo, que dio a su Hijo unigénito, para que todo el que cree en él no se pierda, sino que tenga vida eterna (Juan 3:16).

- Mas a cuantos lo recibieron, a los que creen en su nombre, les dio el derecho de ser hijos de Dios (Juan 1:12).
- Servir al pobre es hacerle un préstamo al SEÑOR; Dios pagará esas buenas acciones (Proverbios 19:17).
- Él fortalece al cansado y acrecienta las fuerzas del débil (Isaías 40:29).
- El fruto del Espíritu es amor, alegría, paz, paciencia, amabilidad, bondad, fidelidad, humildad y dominio propio (Gálatas 5:22-23).
- El temor del SEÑOR prolonga la vida, pero los años del malvado se acortan (Proverbios 10:27).

No dejen pasar un día más en su caminar cristiano sin dedicar el tiempo para descubrir al menos una nueva promesa para esta jornada. Un buen comienzo es la lectura de Salmos y Proverbios. Cada versículo desearán grabarlo en su mente, pues son muy inspiradores. Muchos de ellos aparecen en letreros o tarjetas. Quizá me digan: «Lo había leído antes, pero no me daba cuenta que venía de la Biblia».

Oración

Padre Dios, gracias por permitirnos leer esta reflexión para hoy. Necesitábamos un poco de estímulo a fin de poner nuestros motores en marcha. Deseamos de todo corazón adentrarnos en tu Palabra cada día. Permite que nuestros deseos lleguen a ser una prioridad para cada día. Que podamos como esposos rendirnos cuenta el uno al otro para asegurarnos de haber leído tu Libro todos los días, y cuando sea posible, comentemos lo destacado de nuestro estudio. Ansiamos lo que nos enseñarás cada día. Amén.

Tomen medidas

- Confirma con tu cónyuge que quieres asumir la responsabilidad de la lectura diaria de la Palabra de Dios.

- Comenten todos los días (escojan el tiempo y el lugar más convenientes) lo que Dios les reveló a través de la Palabra.
- Anoten en su diario cada día algunas de las verdades aprendidas.
- Traten de memorizar el versículo clave del pasaje. Escríbanlo en una tarjeta y llévenlo a todas partes a fin de repasarlo en esos breves momentos libres que todos tenemos.

Lectura adicional

Romanos 1:16   Deuteronomio 11:18

Apocalipsis 1:3   Josué 1:8

$\mathcal{T}$odavía no

Lectura bíblica: Santiago 1:2-12

Versículos clave: Santiago 1:2-4

> *Hermanos míos, considérense muy dichosos cuando tengan que enfrentarse con diversas pruebas, pues ya saben que la prueba de su fe produce constancia. Y la constancia debe llevar a feliz término la obra, para que sean perfectos e íntegros, sin que les falte nada.*

$\mathcal{U}$n matrimonio acostumbraba a viajar a Inglaterra para ir de compras a las bellas tiendas. Este era su vigésimo quinto aniversario de bodas. A ambos les gustaban las antigüedades y las cerámicas, en especial las tazas de té. Cierto día, en esta hermosa tienda, vieron una bella taza de té. «¿Podemos verla?», le preguntaron a la vendedora. Mientras la joven se las mostraba, la taza habló de repente.

«Ustedes no entienden», dijo, «yo no fui siempre una taza de té. En una época era arcilla roja. Mi amo me tomó, me amasó y me golpeó una y otra vez hasta que grité: "Déjame en paz", pero él solo sonrió: "Todavía no".

»Después me colocó en un torno», dijo la taza, «y de repente comencé a girar y girar. "¡Basta ya! ¡Me estoy mareando!", grité, pero el maestro se limitó a sonreír y dijo: "Todavía no".

»Luego me metió en el horno. Jamás he sentido tanto calor. Me preguntaba por qué querría quemarme y grité y golpeé la puerta. Podía verlo a través de la abertura y podía leer sus labios mientras negaba con la cabeza: "Todavía no".

»Por fin se abrió la puerta, me colocó en el estante y comencé a enfriarme. "¡Vaya, esto está mejor!", dije. Y me cepilló y me pintó por todas partes. Los olores eran horribles. Pensé que iba a vomitar. "¡Basta ya! ¡Basta ya!", clamé. Él solo negó con la cabeza: "Todavía no".

»Luego, de repente, me volvió a meter en el horno, no como la primera vez. Era el doble de caliente y sabía que me sofocaría. Rogué. Supliqué. Grité. Lloré. Siempre lo veía a través de la abertura que negaba con la cabeza y decía: "Todavía no".

»Entonces supe que no había ninguna esperanza. Jamás lo lograría. Estaba lista para darme por vencida. Sin embargo, la puerta se abrió y me sacó y me colocó en el estante. Una hora después me alcanzó un espejo y dijo: "Mírate". Y lo hice y dije: "Esa no soy yo; no puedo ser yo. Es hermosa. Soy hermosa".

»"Quisiera que recuerdes esto", me dijo. "Sé que duele que te amasen y te golpeen, pero si te hubiera dejado, te habrías secado. Sé que te mareaste cuando girabas en el torno, pero si me hubiera detenido, te habrías desmenuzado. Sé que sufriste en el calor desagradable del horno, pero si no te hubiera colocado allí te habrías quebrado. Sé que fueron malos los vapores cuando te cepillé y te pinté por todas partes, pero si no lo hubiera hecho, no te habrías endurecido. No habrías tenido color en tu vida, y si no te hubiera colocado en el segundo horno, no habrías sobrevivido mucho tiempo porque no habrías tenido dureza. Ahora eres un producto terminado. Eres lo que tenía en mente cuando comencé contigo"»[3].

Como matrimonio, enfrentaremos muchas adversidades en la vida. Las pruebas que tratarán de quebrarnos... separarnos de nuestros hijos, de nuestros parientes políticos, de nuestra iglesia e incluso de nuestras ocupaciones. ¡Así es la vida! Algunos estamos en el horno gimiendo, clamando y golpeando a la puerta mientras gritamos: «¡Déjenme salir de aquí! ¡Ya no lo soporto!». Otros estamos en la etapa de esmaltado y recibimos el acabado final de pintura. Los vapores y el hedor nos fastidian y la cabeza nos da vueltas. Unos pocos están en el torno dando vueltas sin fin. Están desorientados y quieren que los saquen. Algún día va a parar, así que nos imaginamos que quizá sea también hoy.

Todo es un revoltijo, y Dios sigue diciendo: «Todavía no, todavía no».

¿Cuánto le confías de tu vida a Dios? ¿Tienes una caja grande o pequeña para Él?

Oración

Padre Dios, eres asombroso y deseamos que encajes en la caja mayor que creaste en los cielos, no en una cajita para anillos.

A veces nos sentimos como que nos has dejado librados a nuestra suerte, pero sabemos que no. Danos sabiduría celestial para reconocer que estás haciendo una obra piadosa en nosotros. Seguimos sometidos a tu voluntad para nuestra vida. Cuando tenemos deseos de gritar y rebelarnos contra ti, permite que recordemos que estás en verdad de nuestro lado.

Te damos gracias por todas las cosas buenas que nos has dado y que podamos aceptar las características que edifican nuestro carácter como parte de nuestra preparación. Amén.

Tomen medidas

- Enumeren las esferas de su vida en las que Dios ha hecho algo nuevo.
- Enumeren las esferas que están en proceso de transformación.

- Enumeren las esferas que aún no les han rendido a Él, pero que están dispuestos a ponerlas en sus manos.
- Como matrimonio, reconfirmen el pacto de que desean que Dios haga una buena obra en ustedes.

Lectura adicional

1 Corintios 10:13   Romanos 8:28
Romanos 4:20-21   Juan 10:10

La felicidad es...

Lectura bíblica: Salmo 1:1-6

Versículos clave: Salmo 1:1-3

> *Dichoso el hombre que no sigue el consejo de los malvados,*
> *ni se detiene en la senda de los pecadores ni cultiva la amistad*
> *de los blasfemos, sino que en la ley del SEÑOR se deleita, y día*
> *y noche medita en ella. Es como el árbol plantado a la orilla*
> *de un río que, cuando llega su tiempo, da fruto y sus hojas*
> *jamás se marchitan. ¡Todo cuanto hace prospera!*

Ocho hombres viajaban juntos y cada uno relataba su experiencia en respuesta al interrogante: «¿Eres feliz por completo?». Un banquero dijo que había adquirido una fortuna, la cual estaba invertida de un modo seguro; tenía una amorosa y devota familia, pero el pensamiento de tener que dejarlos para siempre era como un paño mortuorio sobre sus últimos años de vida.

Un oficial del ejército dijo que conoció la gloria y la embriaguez del triunfo; pero después de la batalla recorrió el campo y halló a un compañero agonizando. Intentó reanimarlo, pero el moribundo le dijo: «Gracias, pero es demasiado tarde. Todos debemos morir; piénsalo, piénsalo». Esta escena obsesionaba al militar y no podía librarse de ella. Así que confesó su infelicidad.

Un diplomático habló de los honores y la gratitud que le mostraron durante una carrera larga y exitosa, pero confesó un vacío del corazón, una enfermedad secreta que no podían curar todos sus honores.

Un poeta se refirió a los placeres disfrutados con las musas; del aplauso del público; de su fama, que le aseguraron sería inmortal. Sin embargo, insatisfecho, clamaba: «¿Qué es la inmortalidad?», y declaraba su anhelo insatisfecho de una inmortalidad superior.

Un hombre de mundo dijo que su esfuerzo había sido reírse de todo, mirar el lado positivo de las cosas y ser feliz; hallar placer en los salones de baile, los teatros y otras diversiones; pero confesó que algunas veces estaba melancólico y lejos de la felicidad ideal.

Un abogado afirmó tener salud, dinero, reputación y un buen matrimonio, y que durante su carrera ansiaba conseguir lo que poseía ahora; pero no halló la satisfacción esperada en esto, y el contentamiento no era su legado. Sus horas eran largas y su existencia monótona; no era feliz por completo.

Un profesor religioso, un ritualista, profesó su estricta adhesión a las doctrinas del evangelio y a su puntual realización de los deberes religiosos, sin ser feliz en absoluto.

Un médico cristiano relató su vana búsqueda de felicidad en el mundo y en su profesión; pero luego la Escritura lo guió a verse como un pecador y miró a Cristo como su Salvador. Desde entonces, halló paz, contentamiento y gozo, y ya no le teme al final, lo que para él es solo el principio.

Una de las verdaderas tareas en la vida de las parejas es aprender a cómo ser felices. Dondequiera que miremos, las personas buscan su felicidad mediante los empleos que tienen, los hogares en que viven, los juguetes con los que se entretienen, los alimentos que consumen y las vacaciones que disfrutan. Al final de cada una de estas cosas, se supone que hallemos ese algo mágico llamado felicidad. Sin embargo, para nuestro asombro, cuando por fin llegamos a este gran destino, a menudo descubrimos que la felicidad se mudó sin dejar la nueva dirección.

Un poeta dijo una vez: «La felicidad está distribuida de forma más equitativa de lo que algunos imaginamos. Un hombre poseerá la mayoría de lo material, pero poco de ella; otro hombre posee mucho de ella, pero poco de lo material».

Este conflicto es una de las mayores luchas de la vida: ¿Cómo equilibramos las posesiones y la felicidad? En el pasaje de hoy nos concentramos en tres esferas de este perfil:

- Qué evitar
- En qué concentrarse
- Cómo es una persona feliz

Qué evitar

David nos advierte que no aceptemos consejos de las personas equivocadas. Pablo, de igual manera, declara en Romanos 3:4: «Dios es siempre veraz, aunque el hombre sea mentiroso». El sistema del mundo intenta dañar nuestro sistema de valores y hacer que nos amoldemos a la manera de pensar del mundo. Como matrimonio, sean sinceros el uno con el otro y busquen consejo sabio. Las revistas, la televisión, la radio y las películas no hablan con sabiduría piadosa. (¡Resulta asombroso con cuánta frecuencia escucho que las personas comentan cómo llegaron a cierta conclusión en una bifurcación de la senda de la vida!) En su lugar, vuélvanse a la Escritura, más el sabio consejo cristiano. Este pasaje también nos dice que no imitemos lo que hacen los pecadores ni andemos con los que critican o se burlan de otros.

Lo primordial es tener amigos de calidad; amigos que tengan buenas cualidades de carácter y que puedan proveernos de opiniones sabias en su conversación.

En qué concentrarse

El Salmo 1:2 dice que debemos deleitarnos en la ley del Señor y meditar en ella de día y de noche. La concentración es una esfera de la vida que nos cuesta llevar a cabo. Los medios nos han lavado el cerebro de tal manera que todos los episodios de la vida se reducen a treinta minutos. Nuestros lectores de noticias de la noche dan un resumen del hecho, casi siempre resaltando esas partes que recalcan la convicción política de la emisora.

Las dos esferas de énfasis son deleitarse y meditar. ¿Acaso acudimos a la Escritura con deleite y somos capaces de considerarla todo el día? Si nos acercáramos cada día a la Escritura de esta manera, veríamos cambios maravillosos en nuestra vida. Nuestras familias cambiarían, junto con nuestra iglesia, nuestra comunidad y la nación.

Cómo es una persona feliz

David escribe en el versículo tres que nuestra vida puede ser como un árbol plantado con firmeza en un lugar en el que hay mucha agua y que tiene hojas siempre frescas y verdes en el calor y fruto que crece en abundancia.

¿Qué clase de árbol eres en la actualidad?

- Soy un árbol joven en crecimiento, pero sin estar bien arraigado.
- Mis hojas tienden a secarse en tiempos de calor y estrés.
- Soy un árbol sin hojas ni frutos.
- Creía que mis raíces estaban bastante profundas, pero una tormenta reciente por poco me derriba.
- Veo que en mi vida aparece cada vez más el buen fruto.
- Desearía tener más hojas para proteger a las personas del calor.
- Soy como un árbol que solo está un poco lejos del agua, sintiéndose un poco seco.

El médico cristiano de la historia del principio comentó que la Escritura lo guió a verse como pecador y mirar a Cristo como su Salvador; desde entonces halló paz, contentamiento y gozo, y no le temía al fin, lo cual para él era solo el principio.

Oración

Padre Dios, como esposos queremos ser felices en el Señor. Deseamos de veras tener un equilibrio entre las cosas de la vida y el deseo de estar anclado a ti al plantar nuestros árboles a la orilla de un río para que demos fruto a su tiempo. Queremos que nuestras hojas sean saludables y que no se marchiten en las estaciones cálidas de la vida. Que podamos tener compañerismo con matrimonios piadosos, esos que nos edifiquen en el Señor. Te entregamos las relaciones y deseamos que nos guíes hacia las buenas amistades. Amén.

Tomen medidas

- Evalúen juntos a sus amigos. ¿Les ayudan o los dañan como pareja?
- Sigan afianzando aquellas relaciones que los edifican y poco a poco dejen de lado las relaciones que no son saludables.
- Por separado, hagan por escrito una descripción detallada de la clase de árbol que es su vida en la actualidad.
- ¿Cuáles son los cambios que pueden hacer para que su árbol sea más saludable?

Lectura adicional

Gálatas 5:22-23   Mateo 7:13-14

1 Juan 5:12

No nos volvemos santos obteniendo insignias de méritos ni apuntando tantos. No tiene nada que ver con la virtud ni la descripción de empleo ni la moralidad. No hay nada que podamos hacer en este mundo de «hágalo usted mismo». Es un don, un regalo total, esperando allí para que se le reconozca y reciba. No tenemos que ser calificados para ser santos.

Madeleine L'Engle

Un corazón que discierne

Lectura bíblica: 1 Reyes 3:5-15

Versículo clave: 1 Reyes 3:9

> *Te ruego que le des a tu siervo discernimiento para gobernar*
> *a tu pueblo y para distinguir entre el bien y el mal.*

Un teólogo inglés relata la historia de un joven que fue a la universidad. Pasado un año, el padre le preguntó:

—¿Qué sabes? ¿Sabes más que cuando te fuiste?

—¡Claro! —le respondió—. ¡Por supuesto!

Luego pasó el segundo año y le preguntó lo mismo:

—¿Sabes más que cuando te fuiste?

—¡Ah, no! —contestó el joven—; sé mucho menos.

—Bien —dijo el padre— estás progresando.

Entonces cursó el tercer año y le preguntó:

—¿Qué sabes ahora?

—Ah... —respondió—, creo que no sé nada.

—Eso está bien —dijo el padre—. Ahora aprendiste a obtener frutos, pues dices que no sabes nada.

El que está convencido de no saber nada de sí mismo como debiera, abandona el gobierno de su barco y permite que Dios ponga sus manos en el timón. Deja de lado su propia sabiduría y clama: «Oh Señor, arrojo mi escasa sabiduría a tus pies y te entrego mi poco juicio».

Quizá Salomón se pareciera a este joven estudiante universitario porque también conoció la sabiduría de ser humilde cuando llegó a liderar al pueblo que heredó de su padre, el rey David. En su sueño del pasaje de hoy, Dios le dijo a Salomón: «Pídeme lo que quieras». Salomón en plena juventud (unos veinte años de edad) declaró con gran sabiduría: «Yo te ruego que le des a tu siervo discernimiento para gobernar a tu pueblo y para distinguir entre el bien y el mal. De lo contrario, ¿quién podrá gobernar a este gran pueblo tuyo?».

¡Qué fabulosa declaración fue reconocer que por sus propias fuerzas no era capaz de liderar ni gobernar a su pueblo! También quería distinguir el bien del mal.

Mamás y papás, ¿escuchan la sencilla humildad de este gran hombre de Dios? Si no se sentía capaz de tal tarea, ¿debería sorprendernos que a veces nos sintamos abatidos en nuestro intento de guiar a nuestros hijos como es debido? Si Salomón podía presentarse con tanta humildad ante Dios y hacerle tan sencilla petición, ¿por qué deberíamos sentirnos perdidos cuando nos sentimos demasiado indefensos?

Como padres, necesitamos ser directos cuando se trata de pedir el discernimiento de Dios. Fíjense también que Salomón comenzó su petición con esta declaración acerca de sí mismo: «Te ruego que le des a tu siervo». Necesitamos acercarnos ante Dios como siervos, como alguien que reconoce que solo por medio del poder y la dirección de Dios puede hacer cualquier cosa. No somos capaces con nuestras propias fuerzas.

En todo este pasaje de 1 Reyes vemos que Salomón reconoció:

- quién era Dios;
- quién era Salomón;
- su propia responsabilidad ante Dios.

Estas son las mismas tres cosas que debemos reconocer:

- quién es Dios;
- quiénes somos nosotros;
- cuáles son nuestras responsabilidades ante Dios.

Tenemos un Dios grande. Él es mayor que cualquier cosa de nuestro pasado, cualquier cosa del futuro y mayor que cualquier arca. Así es, servimos a un Dios bien grande.

Además, noten en 1 Reyes 3:10-15 las bendiciones que recibió Salomón aun cuando no las pidió:

- riquezas
- honor
- larga vida

Mientras más permanezcamos en la voluntad de Dios, Él nos dará mucho más de lo que pedimos en nuestras oraciones. ¡Ah, quién tuviera esa clase de fe! Como matrimonio, ¿podemos creer que Dios nos ama tanto que va a proveernos aun más de todo lo que necesitamos?

Oración

Padre Dios, permite que como pareja nos acerquemos a tu trono como siervos tuyos. Deseamos servirte como familia en nuestro matrimonio, familia, iglesia, comunidad y empleo. Cuando nuestro ego se involucre, recuérdanos que somos en verdad tus siervos y deseamos hacer tu voluntad y no la nuestra.

Los dos te rogamos que nos des corazones que disciernan y distingan entre el bien y el mal. Gracias por esta nueva dimensión que nos has mostrado hoy. Amén.

Tomen medidas:

- Comenta con tu cónyuge cómo cada uno puede tener más de un corazón de siervo.
- ¿Hay algún discernimiento que mamá o papá tienen en cuanto a su matrimonio? ¿Sus hijos?
- Exprésense con palabras lo que significó esta lección para cada uno.

Lectura adicional

1 Crónicas 29:1
Efesios 6:18

Corazón de niño y mentalidad de adulto

Cristo jamás quiso decir que nos quedáramos como niños en inteligencia; por el contrario, Él no solo nos dijo que fuéramos «inofensivos como palomas», sino también «astutos como serpientes». Él quiere un corazón de niño, pero una mente de adulto. Quiere que seamos sencillos, sinceros, afectuosos y enseñables, como son los niños buenos; pero asimismo quiere cada pizca de inteligencia que tengamos para estar atentos en el trabajo y en óptimas condiciones para la batalla.

C.S. Lewis

Una carta de un amigo

Lectura bíblica: Salmo 23:1-6

Versículo clave: Salmo 23:6

> Ciertamente el bien y la misericordia me seguirán todos los días de mi vida, y en la casa del Señor moraré por largos días (LBLA).

Querido amigo:

Solo tenía que enviarte una nota para decirte cuánto te amo y me preocupo por ti. Ayer te vi cuando caminabas con tus amigos. Aguardé todo el día con la esperanza de que quisieras conversar conmigo también. Mientras se acercaba la noche, te envié una puesta de sol que culminara tu día y una fresca brisa para que descansaras. Y esperé. Sin embargo, nunca viniste. Eso me dolió, pero aun así te amo porque soy tu amigo.

Anoche vi que caíste rendido de sueño y ansiaba tocar tu frente. Así que derramé un rayo de luz de luna sobre tu almohada y tu cara. De nuevo esperé, deseando bajar corriendo para poder conversar. Tengo muchísimos regalos para ti. A pesar de eso, te levantaste tarde al día siguiente y regresaste deprisa para el trabajo. Mis lágrimas estaban en la lluvia.

Hoy parecías muy triste, muy solo. Esto hiere mi corazón porque te comprendo. Mis amigos me decepcionan y me hieren muchas veces también. Aun así, te amo. Ah, si al menos me escucharas. Te amo de verdad. Intento decírtelo en el cielo azul y en el silencioso pasto verde. Lo susurro en las hojas de los árboles y lo transmito en los colores de las flores. Te lo grito en los arroyos de montaña y les doy a las aves canciones de amor. Te rodeo con los cálidos rayos de sol y perfumo el aire con esencias naturales. Mi amor por ti es más profundo que los océanos y superior que tu mayor necesidad o anhelo de tu corazón.

Si tan solo supieras cuánto deseo ayudarte. Quiero que conozcas a mi Padre. Él quiere ayudarte también. Mi Padre es así, y lo sabes. Solo llámame, pídeme, conversa conmigo. Tengo muchísimo que contarte. Sin embargo, no quiero molestarte. Esperaré porque te amo.

Tu amigo,

Jesús[4]

¡Qué verdad tan grandiosa es saber que Dios me ama y se preocupa por mí! Me fue difícil darme cuenta que Dios murió en la cruz por mí y por mis pecados.

Como matrimonio, no queremos que Jesús tenga que esperar debido a nuestra obstinación antes de que renunciemos al control de nuestra vida y le digamos que lo amamos también.

Jesús debe tener mucha paciencia para esperar por nosotros. Estoy seguro de que Él ansía y gime por nuestro arrepentimiento, pero nosotros solo continuamos con nuestra vida de egoísmo, haciendo nuestras cosas... sea lo que fuere.

Cruzada Estudiantil y Profesional para Cristo tiene un folleto sencillo que describe cuatro leyes que te ayudarán a descubrir cómo conocer a Dios de manera personal y experimentar la vida abundante que prometió en Juan 10:10:

1. Dios te ama y te creó para que lo conozcas en forma personal (Juan 3:16; Juan 17:3).

2. El hombre es pecador y está separado de Dios, así que no podemos conocerlo de manera personal ni experimentar su amor (Romanos 3:23; 6:23).

3. Jesucristo es la única provisión de Dios para el pecado del hombre. Solo por medio de Él podemos conocer a Dios de manera personal y experimentar su amor (Romanos 5:8; 1 Corintios 15:3-6; Juan 14:6)

4. Debemos recibir a Jesucristo de forma individual como Salvador y Señor; después puede conocer a Dios en lo personal y experimentar su amor (Juan 1:12; Efesios 2:8-9; Juan 3:1-8; Apocalipsis 3:20).

Puedes recibir a Cristo ahora mismo por fe mediante una oración como esta:

Señor Jesús, deseo conocerte en forma personal. Gracias por morir en la cruz por mis pecados. Te abro la puerta de mi vida y te recibo como mi Salvador y Señor. Gracias por perdonar mis pecados y darme vida eterna. Toma el control del trono de mi vida. Hazme la clase de persona que quieres que sea. Amén[5].

Tomen medidas

- ¿Expresa esta oración el deseo de tu corazón?
- Según Apocalipsis 3:20, ¿dónde está Cristo ahora con relación a ti?
- ¿Con qué autoridad crees que Dios respondió tu oración? Lee 1 Juan 5:11-13 y Hebreos 13:5.
- Comenta tu decisión con tu cónyuge, con un amigo, un compañero de trabajo, etc.
- Si ya aceptaste a Cristo como tu Salvador personal, haz una pausa y dale gracias por todo lo que hizo por ti en el pasado, lo que hace en el presente y lo que hará en el futuro.
- Como pareja, comprométanse más como hermanos en la fe.

Lectura adicional

Lee todos los versículos de la Escritura que se dieron para apoyar estas cuatro leyes de la salvación.

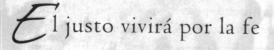

El justo vivirá por la fe

Lectura bíblica: Gálatas 3:10—4:11

Versículo clave: Gálatas 3:11

> Es evidente que por la ley nadie es justificado delante de Dios,
> porque «el justo vivirá por la fe».

Cuando se iba a tender el primer puente colgante sobre el río Niágara, la pregunta era cómo lograr que el cable cruzara el río. Con un viento favorable, se remontó una cometa que enseguida llegó a la otra orilla. Se le agregó una cuerda más gruesa al delgado hilo, luego otra más gruesa y por fin un cable lo bastante fuerte como para resistir el cable de hierro que sostendría el puente.

Todo esto no se hubiera logrado sin el delgado hilo de la cometa. Aun así, una fe débil llega hasta Cristo y el cielo, y puede ensancharse hasta proporciones gigantescas, y sostener a su dueño anclado con seguridad dentro del velo.

Así somos como matrimonio. Nuestra fe comienza como un hilo insignificante y se desarrolla hasta ser un cordel, luego una cuerda que se hace más gruesa y por último un cable. En nuestro mundo de comparaciones, deseamos empezar con el cable porque eso es lo que vemos a nuestro alrededor. Sin embargo, siempre debes recordar que esos cables comenzaron siendo hilos insignificantes que se desarrollaron y crecieron con los años hasta convertirse en el cable que ahora admiras tanto.

El crecimiento espiritual es el resultado de la confianza depositada en Dios el Padre, Dios el Hijo y Dios el Espíritu

Santo. En el versículo clave de hoy vemos que el justo (sea hombre o mujer) vivirá por la fe. Esa fe debe tener un objeto y para el cristiano ese Objeto es Jesucristo. Se nos dio a nosotros como creyentes para expiación de nuestros pecados; por medio de Él tenemos perdón de los pecados y una línea directa con Dios el Padre.

Una vida de fe les capacitará como matrimonio a fin de confiar en Dios de forma creciente en cada detalle de sus vidas, y practicar lo siguiente:

C: Cumplir en obediencia a Dios en todo momento (Juan 14:21).

R: Recurrir a Dios en oración diaria (Juan 15:7).

E: Estudiar la Palabra de Dios todos los días (Hechos 17:11). Comenzando con el Evangelio de Juan.

C: Confiar en Dios en cada detalle de la vida (1 Pedro 5:7).

E: Espíritu Santo: Permitirle que controle y fortalezca tu vida diaria y tu testimonio (Gálatas 5:16-17; Hechos 1:8).

R: Reflejar a Cristo con tu vida y tus obras (Mateo 4:19; Juan 15:8)

Crecer como cristiano es cuestión de elección. Cada día debes hacer de nuevo esa decisión crucial: ¿Voy a seguir a Jesús hoy? Cada día uno debe obtener la respuesta de su propia alma: «¡Sí, seguiré a Jesús hoy!». Quizá estés pensando: «¿Tengo que hacer esta misma decisión todos los días por el resto de mi vida?». Nuestra respuesta es: «Sí, debes hacer esta misma decisión fundamental cada día». Los frutos y las bendiciones de hoy se basan en decisiones que tomaste ayer. Por lo general, el éxito no llega por casualidad. Desarrolla un plan y deja que el plan te dé resultados.

Oración

Padre Dios, mientras nos reunimos contigo hoy en oración, queremos crecer en nuestro andar cristiano. A veces nos desanimamos por todos los peligros de la vida. Trabajamos muchas horas, conducimos un largo trecho todos los días para trabajar, enfrentamos demasiadas presiones en el trabajo y luego nos dirigimos a casa para ocuparnos de la otra parte de nuestra vida: nuestro hogar y los hijos.

Te pedimos que nos ayudes a mantenernos concentrados en lo que es importante. Permite que tengamos la capacidad necesaria para priorizar lo que es importante y dejar de lado lo que no lo es.

Gracias por habernos creado como personas comunes y corrientes (como hilos insignificantes) para que deseemos crecer hasta convertirnos en gruesos cables. Pon nuestros pies en movimiento en la dirección adecuada. Haz que deseemos responder que sí a esta pregunta básica de la vida porque queremos agradarte en todo. Amén.

Tomen medidas

- Examinen los pasajes de la Escritura para CRECER.
- Discute los contenidos con tu cónyuge.
- Anoten algunas esferas de su vida en las que necesitan crecer. ¿Qué van a hacer para fortalecerlas?
- Denle gracias a Dios por lo que Él hará en su vida.

Lectura adicional

Hebreos 11:1-39
Mateo 17:20

¿*C*uáles son
sus prioridades?

Lectura bíblica: Jeremías 9:23-24

Versículo clave: Jeremías 9:23

> *Así dice el SEÑOR: «Que no se gloríe el sabio de su sabiduría,*
> *ni el poderoso de su poder, ni el rico de su riqueza.*

De algún modo, siempre siento curiosidad por lo que va a dejar el cartero en nuestro buzón con forma de granero. Ah, claro, recibimos toda clase de correo publicitario no solicitado, los catálogos, las facturas del mes, las invitaciones a actividades especiales y, de tanto en tanto, una carta que produce un impacto en nuestra vida. Hoy fue uno de esos días. En medio de una gran cantidad de cartas estaba una de un amigo personal muy querido para nosotros y también un prominente empresario de nuestra ciudad.

Al abrir el sobre y extraer la carta con mucho cuidado, comencé a leer:

Querido amigo y cliente de Olsan:

¿Qué haces cuando realizas un cambio importante en tu negocio, te mudas y construyes nuevas oficinas para estar más cerca de tus clientes y luego descubres que no te devuelve el placer en tu carrera de veinte o treinta años atrás, y que lo que haces ahora no es tu meta en la vida... es más, va en contra de lo que ahora es importante en la vida? Me di cuenta de que la única respuesta es transmitir mis pensamientos y pedirles su comprensión.

He decidido cerrar la tienda y jubilarme.

Estoy muy orgulloso de la empresa y su posición en la nación. Ningún empleador podría pedir un grupo de empleados mejor que los nuestros, que han entregado su corazón en un intento por establecer y mantener los niveles profesionales que nos hemos impuesto y nos esforzamos por vivir. Juntos hemos reído, llorado y trabajado duro para cumplir nuestra misión. ¡Los saludo y les agradezco por haberme permitido compartir parte de mi vida con un grupo tan fenomenal!

Este es un mundo con un ritmo acelerado y siempre cambiante, y la venta al por menor no es diferente. La industria mobiliaria pasa por un gran cambio en el ámbito nacional, y estoy seguro que estos cambios a la larga le ofrecerán al público algunas nuevas opciones, lo cual es bueno. Como negociante, debo decidir basado en las prioridades, las metas y las normas por las cuales vivir y negociar, y luego tomar la difícil decisión de si estoy dispuesto a pagar el precio de continuar una carrera exitosa.

Nunca he sentido que he sido capaz de darle a mi familia la atención y la energía que merecen y deseo, y no veo posibilidades de mejorarlo... aun cuando siempre soñé hacerlo. ¡Lo más probable es que los desafíos del negocio no me permitan contar con *más* tiempo personal! Mis prioridades han cambiado. La decisión no ha sido fácil, pero será la adecuada para mí y mi familia.

Gracias por su atención y comprensión.

Harvey B. Olsan

Al finalizar la lectura de esta carta, me conmovió la sinceridad y la preocupación de Harvey por sus empelados y clientes de toda la vida. Sin embargo, me preocupaba más Harvey y su familia. He aquí un hombre que llegó a figurar alto en los puestos de mando y fue capaz de decir: «Lo que haces ahora no es tu meta en la vida... es más, va en contra de lo que ahora es importante en la vida».

Es un hombre que tuvo el valor de admitir que luego de cincuenta y un años de trabajo en la empresa familiar no quiso seguir con los sacrificios para mantenerla a flote.

¿Cuántos de nosotros habrá en la misma situación? Tenemos que estar dispuestos a reconocer que las metas del pasado ya no son las metas del futuro. Es bueno cambiar de dirección en la vida. Quizá tú y tu cónyuge necesitan volver a escribir su propósito en la vida. Es adecuado hacerlo, no está esculpido en piedra. No te dejes atrapar por las cuestiones insignificantes de la vida. Concéntrate en las que tendrán importancia de aquí a veinte años: tu familia. ¿Qué bien le producirá a un hombre si gana todo el mundo y pierde a su familia?

Lo principal entre las cosas principales de la vida. Apártate de las cuestiones menores que piensas que son mayores, pero que no lo son en realidad.

Oración

> *Padre Dios, como familia queremos discernir en verdad las esferas de nuestra vida que son importantes. Líbranos de gastar mucha energía, tiempo y dinero en cosas que no son importantes. La lección de hoy nos ha confirmado que una familia puede cambiar las prioridades de toda la vida. Gracias por revelarme que algunas cosas en la vida son más importantes que otras. El cambio es bueno. Aprecio esa revelación. Permite que como pareja tengamos discernimiento piadoso a fin de enfocar nuestras vidas en las cosas más importantes. Amén.*

Tomen medidas

- Siéntate con tu cónyuge y reconfirmen la dirección de sus vidas.

- Anoten cinco cosas que son aspectos positivos en verdad de su vida y cinco cosas que no parecen conducirlos a donde desean.
- Alaben a Dios por las cinco cosas buenas y luego dediquen un tiempo a las cinco negativas para hallar un nuevo rumbo en esas esferas.
- Establezcan una fecha en su almanaque de aquí a tres meses a fin de revisar su progreso.
- Estén dispuestos a reescribir algunas metas que necesitan cambio. ¿Cuáles podrían ser? Anoten tres. ¿Qué pueden hacer para cambiarlas?

Lectura adicional

Salmo 127:3-5   Mateo 18:1-6

Estáis en nuestro corazón para morir juntos y para vivir juntos. Mucha es mi confianza en vosotros, tengo mucho orgullo de vosotros.

2 Corintios 7:3-4, LBLA

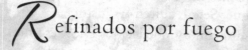Refinados por fuego

Lectura bíblica: Job 23:1-12

Versículo clave: Job 23:10

> Él sabe el camino que tomo; cuando me haya probado,
> saldré como el oro (LBLA).

Anoche, mientras bajaba las escaleras, me detuve a conversar con Jennie, quien acababa de acostarse en su acogedora y pequeña habitación. Me incliné para besarla.

—Jennie, ¿amas a Jesús? —le pregunté.

—¡Ah, sí! —fue su respuesta.

—¿Estás segura? ¿Cómo lo sabes?

—Vaya, por supuesto que lo sé —dijo—. ¿Acaso no lo siento en mi interior?

«¡Eso es bueno!», pensé. «Deseo que todos tuviéramos esa misma conciencia de amor; no habría tantos cristianos temerosos».

—¿Crees que Jesús sabe que lo amas, Jennie?

—¡Vaya, por supuesto! —respondió de nuevo—. ¿Acaso no lo sabe todo? ¿No mira dentro de mi corazón y ve el amor allí?

—Muy bien, Jennie —proseguí—. ¿Cómo puedo saberlo? Yo no puedo mirar dentro de tu corazón.

Jennie se levantó de un salto. En la pared junto a su cama hay un póster que refleja doce escenas de la vida de Cristo; varios versículos cortos están impresos aquí y allá alrededor de los bordes. Colocó sus deditos en uno de esos versículos, sin pronunciar una palabra giró para mirarme con aire triunfal directo a la cara.

Acerqué la luz para leer el pasaje que me señalaba: «Si me amáis, guardad mis mandamientos»[6].

Cuando el dolor llega a nuestra vida es muy fácil preguntar: «¿Por qué, Señor?». ¿Por qué, Señor, sufren los justos?

Si alguna vez un hombre amó y obedeció a Dios, ese fue Job. No obstante, su prueba fue muy dolorosa y penosa. Hoy en día con solo tomar el periódico vemos que en cualquier parte del mundo suceden tragedias tanto a justos como a injustos.

Nuestros amigos Glen y Marilyn Heavilin perdieron tres hijos de manera prematura: uno de muerte súbita, un gemelo, Ethan, de neumonía siendo bebé y el otro gemelo, Nathan, en la adolescencia por un conductor ebrio. ¿A Glen y Marilyn los pusieron a prueba? ¡Ya lo creo! ¿Salieron como el oro? ¡Por supuesto! Hoy en día usan sus experiencias para glorificar el nombre del Señor.

Marilyn escribió cinco libros. El primero, *Rosas en Invierno*[7], relata la historia de su enorme pérdida. Marilyn tuvo la oportunidad de hablar por todo el país en auditorios de institutos repletos de adolescentes. Allí les cuenta su historia y tiene la plataforma para hablar sobre la vida y la muerte, la dependencia de las drogas y de Dios mismo.

¿Sabía Dios lo que hacía cuando escogió a los Heavilin? ¡Desde luego! Salieron como el oro probado por el fuego de la vida y pulidos para brillar para Él. ¿Desapareció su dolor? Jamás. ¿Pueden optar por ministrar? De todo punto. Participaron de forma muy activa en un grupo llamado «Compassionate Friends», que brinda apoyo a las familias que han experimentado la muerte de un hijo. Le doy gracias a Dios por cristianos como los Heavilin. Dios sabía el sendero que tomarían cuando llegara la tragedia a sus vidas.

Todo el mundo ha experimentado algún tipo de tragedia. La manera de enfrentar esos hechos es crucial. Hoy en día existen maravillosos grupos de apoyo en las iglesias y las comunidades locales.

Me crié con un padre alcohólico y violento. No tenía a dónde recurrir ni con quién hablar, así que guardé mi dolor. Ahora hay varios grupos que ayudan a las personas que están en una situación como la mía.

Una iglesia en California del sur tiene un gran grupo que se reúne todas las semanas y se ha convertido en una iglesia dentro de otra para los drogadictos, así como para sus familias. Las vidas cambian a medida que oran y se apoyan los unos por los otros, y lloran juntos. Muchas personas salen como el oro.

Bob y yo visitamos una iglesia en Memphis, Tennessee, que tenía un grupo de apoyo para homosexuales. Gracias a esta ayuda de la iglesia, muchos estaban abandonando el estilo de vida gay y salían como el oro.

Cualquiera que sea tu prueba hoy, sabe que otros ya han pasado o están pasando por lo mismo. No atravieses solo la prueba. Acude a la iglesia local y busca otra persona con la que puedas conversar y llorar. Tú también puedes salir como el oro.

Jesús conoce y experimentó nuestro dolor. Está siempre con nosotros para ayudarnos a pasar los momentos difíciles de la vida. Confía en Él ahora. Todo es parte de lo que dice Job de salir como el oro.

Oración

Padre Dios, es difícil desear las pruebas a fin de ser más como Cristo. Sin embargo, sé por experiencia que es raro que crezcamos en los buenos tiempos. El intenso calor es lo que nos purifica. Permite que sea como el oro y no como la madera, el heno o la hojarasca. Amén.

Tomen medidas

- Escriban en su diario qué dolor o prueba están experimentando hoy.
- Den un paso que les ayude en el trabajo de llegar a ser como el oro.

- Escríbanle una carta a Dios diciéndole cómo se sienten.
- Participen en un grupo de apoyo.

Lectura adicional

Salmo 66:10   2 Corintios 4:7-9
Salmo 51:10

La oración lleva luz y esperanza a los rincones
oscuros de tu vida.

Padres que oran

Lectura bíblica: Santiago 5:13-18

Versículo clave: Santiago 5:16

> *Confiésense unos a otros sus pecados, y oren unos por otros, para que sean sanados. La oración del justo es poderosa y eficaz.*

«Mamá y papá, me voy para la escuela. Tengo que correr y tomar el ómnibus. Los viernes son días formidables y hoy no es la excepción. Oren por mí. Tengo un examen de física y estudios de perfeccionamiento del español. ¡Gracias! Nos vemos en la noche. Que tengan un buen día, ¡y que Dios los bendiga!»

¡Rápido, breve y al grano! Muy parecido a muchas de nuestras aceleradas vidas: siempre llegando tarde y jamás con el tiempo suficiente. Sin embargo, en este breve discurso de despedida observamos una característica muy especial: la oración. Es obvio que el hijo y los padres acostumbran a apoyarse unos a otros en oración.

Como padres, no queremos esperar hasta que sea demasiado tarde para comenzar a orar en nuestra vida familiar. Los niños desprotegidos son muy vulnerables a los ataques de Satanás. La oración es el mayor escudo de protección que nosotros como padres podemos proveerles a nuestros hijos.

Si esperamos hasta que nuestros hijos sean mayores, llegamos a desesperarnos y terminaremos con «oraciones de crisis».

«Manténganse constantes en la oración, siempre alerta y dando gracias a Dios» (Colosenses 4:2, DHH).

A través de este pasaje, se aclara que estamos para...

- ser constantes en la oración
- estar alertas
- dar gracias a Dios

La oración construye una cerca alrededor de esos por los que oras. Sin esta protección, nuestros seres queridos salen desprotegidos al mundo. Si tenemos que estar alertas, es evidente que hay algo que vigilar en el mundo que nos rodea. Si no somos conscientes del peligro, es muy fácil que este nos envuelva y nos dañe. La oración nos da también un corazón agradecido por todas las cosas que nos da el Señor.

Como pareja, comprométanse hoy a orar por sus hijos, sin importar la edad que tengan.

Cruzada Estudiantil y Profesional para Cristo, a través de su ministerio radial «*Family Life Today*», nos brinda a los padres siete claves para padres que oran:

MOTIVOS ESPECÍFICOS DE ORACIÓN

1. Que Dios ponga una cerca de protección tan fuerte alrededor de nuestros hijos que Satanás no logre entrar ni guiarlos a la tentación (Salmo 33:20; Santiago 5:8).

2. Que nuestros hijos usen la sabiduría piadosa al elegir amistades, pues los amigos y compañeros son determinantes (Proverbios 1:10; Deuteronomio 13:6-8). Pídanle a Dios que les dé a nuestros hijos discernimiento de las personas, así como que conozcan la diferencia entre el bien y el mal.

3. Que nuestros hijos permanezcan puros (Salmo 24:4; Job 17:9).

4. Que les descubran si andan engañando, mintiendo o haciendo travesuras (Proverbios 20:30).

5. Que estén atentos y piensen con claridad cuando asisten a la escuela y hacen exámenes, y que se sientan motivados a dar lo mejor de sí (Efesios 4:1).

6. Por el cónyuge con el que se casará algún día sus hijos: que provengan de hogares piadosos y anhelen las verdades espirituales; que sus metas y propósitos coincidan con los de nuestros hijos, y que sus futuros hogares reflejen lo que dice Deuteronomio 5:29: «[Que] su corazón esté siempre dispuesto a temerme y a cumplir todos mis mandamientos».

7. Que la vida de nuestros hijos cuente para Dios y que los use como testimonio y testigos para su gloria. Pidan que te superen, no en lo material ni lo intelectual, sino en su andar espiritual (Salmos 103:17-18; Isaías 4:13; Salmos 78:1-8)[8].

Oración

Padre Dios, gracias por darnos el deseo de orar por nuestros hijos y nietos. Permite que sigamos fieles en esta disciplina. Sin duda, nos damos cuenta de la necesidad de nuestros hijos de estar amparados por esta cerca de protección en el hogar, la escuela, la iglesia y las actividades recreativas. Amén.

Tomen medidas

• Comiencen a practicar hoy la oración específica por sus hijos.

• El domingo oren por el primer motivo, el lunes por el segundo, el martes por el tercero y así cada día.

• Escríbanle una nota a sus hijos de vez en cuando y díganles que oraron por ellos de manera específica en ese día.

• Díganles que oran por su protección.

Lectura adicional

Analicen los pasajes que se les dio a fin de apoyar cada motivo de oración.

$\mathcal{P}$erseverancia y aliento

Lectura bíblica: Romanos 15:1-13

Versículo clave: Romanos 15:4

> *Todo lo que se escribió en el pasado se escribió para enseñarnos, a fin de que, alentados por las Escrituras, perseveremos en mantener nuestra esperanza.*

$\mathcal{V}$ivimos en un mundo consumista que siempre formula preguntas en cuanto a la durabilidad:

- Cuando compramos algo, preguntamos: «¿Cuánto durará?».
- El jefe de personal desea saber cuánto tiempo piensas permanecer en la empresa. ¿Piensas estar aquí en el futuro?
- En el matrimonio, deseamos que nuestro cónyuge se comprometa para siempre. ¿Cuánto durará nuestro matrimonio?
- En los deportes, la perseverancia es muy importante. El entrenador pregunta: «¿Estás entrenado como para jugar un partido completo y para los ciento cuarenta partidos de la temporada?».
- Dios también quiere saber si tienes fe perseverante.

En el pasaje de hoy vemos que a través de la lectura de las Escrituras se nos enseña a tener perseverancia y aliento y, por último, esperanza. ¡Ah, que como matrimonio siempre necesitemos tener estas tres cualidades en nuestra experiencia cristiana! ¿Te imaginas lo que sería unirte a un club, asociación o liga sin conocer las reglas? ¿Cuántas veces te ha sucedido que un agente de seguros te informa de los privilegios que ofrece su compañía de los que nunca escuchaste antes? ¡Qué emocionante es aprender algo, en especial cuando es para nuestro beneficio!

Con las Escrituras es lo mismo: Las leemos y nos maravillamos ante cada nueva revelación. Ese es uno de los motivos por los que cada uno de nosotros necesita ir a la Biblia todos los días. Siempre descubrimos nuevos misterios y revelaciones nunca antes vistos.

Créate el hábito de la lectura diaria de la Biblia debido a que quieres hacerlo, no porque alguien te lo diga. La propia motivación es lo mejor para hacer algo.

Pablo escribe en 2 Timoteo 3:16-17: «Toda la Escritura es inspirada por Dios y útil para enseñar, para reprender, para corregir y para instruir en la justicia, a fin de que el siervo de Dios esté enteramente capacitado para toda buena obra».

Cuando tú y tu cónyuge lean hoy Romanos 15:1-13, quizá se sientan derrotados, que tengan poca perseverancia, aliento y esperanza. Es posible que estén a punto de abandonar la fe y sientan la tentación de volver a sus viejos caminos, amigos y hábitos. ¡Dios permita que les alentemos y reavivemos esa chispa de su primer amor por Cristo!

En el versículo 13 de este pasaje bíblico leemos: «Que el Dios de la esperanza los llene de toda alegría y paz a ustedes que creen en él, para que rebosen de esperanza por el poder del Espíritu Santo».

Solo por medio del poder del Espíritu Santo somos capaces de hacer esta transición. Si lo intentamos con esfuerzos humanos, nos desalentaríamos y fracasaríamos.

Comienza hoy de nuevo. Levántate por medio de Cristo, así como a Él le levantaron en la cruz por nuestros pecados.

Oración

Padre Dios, en verdad deseamos mostrar la esperanza eterna para nuestras vidas de la que hablas en las Escrituras. Tú sabes que no queremos llevar vidas fracasadas. Renueva nuestras almas, y haz que tomemos de nuevo la frescura de un nuevo comienzo. Permítenos influir hoy en la vida de otra persona con tu dulce fragancia. Amén.

Tomen medidas

- Pídanle a Dios perseverancia, aliento y esperanza.
- Comenten esta decisión con un hermano en la fe. Pídanle que se los recuerde durante este mes.
- Busquen alguna persona (un familiar, un vecino, un compañero de trabajo, alguien que conozcan de casualidad en la fila del supermercado) y aliéntenlo.

Lectura adicional

Salmo 69:9   Romanos 4:21

Declaración diaria para matrimonios

- Dios tiene buenos planes para nosotros hoy para darnos un futuro y una esperanza.

  Tomado de Jeremías 29:11

- Dios es el bendito controlador de todas las cosas hoy.

  Tomado de 1 Timoteo 6:15

- Hoy somos predestinados para que nos moldeen a la imagen de su Hijo, Jesús, hoy.

  Tomado de Romanos 8:29

- Podemos hacer todas las cosas por medio de Cristo que nos fortalece hoy.

  Tomado de Filipenses 4:13

- Hoy tenemos la responsabilidad de llevar fruto para gloria del Padre.

  Tomado de Juan 15:8

- Hoy nada nos puede separar del amor de Cristo.

  Tomado de Romanos 8:35, 38-39

- Dios es el amor de nuestra vida y nos ha llamado de acuerdo a su propósito; por lo tanto, Él nos ha prometido que hoy todas las cosas nos ayudarán para bien.

  Tomado de Romanos 8:28

- Dios nos ama hoy con su amor eterno.

  Tomado de Jeremías 31:3

Si mi pueblo ora

Lectura bíblica: 2 Crónicas 7:12-22
Versículo clave: 2 Crónicas 7:14

> *Si mi pueblo, que lleva mi nombre, se humilla y ora, y me busca y abandona su mala conducta, yo lo escucharé desde el cielo, perdonaré su pecado y restauraré su tierra.*

Un soldado macedonio pobre condujo ante Alejandro Magno una mula cargada de oro para el uso del rey. La mula estaba tan agotada que ya no podía llevar la carga, así que el hombre llevó el peso sobre sí, con gran dificultad, durante una distancia considerable. Por último, Alejandro vio cómo se tambaleaba bajo ese peso y que estaba a punto de dejar caer la carga, así que le gritó: «Amigo, no te canses todavía; trata de llevar la carga hasta tu tienda, ¡pues ahora es tuya!».

Esta bendición es mucho mejor que la lotería. A los que dicen: «¡Los chicos buenos terminan en último lugar!», de seguro la humildad tiene su bendición. Es evidente que Esdras, el escritor de 1 y 2 Crónicas, sabía la importancia de la humildad porque dirigió este pasaje a su pueblo, un pueblo al que Dios llamó por nombre.

Declara que a fin de que el pueblo de Dios reciba sus bendiciones existen cuatro requerimientos básicos:

- humildad
- oración

- devoción
- arrepentimiento

Esta es una oración adecuada para todos los estadounidenses, cristianos y no cristianos por igual. Movemos nuestra cabeza con incredulidad ante la depravación del hombre. Todos los días los titulares del periódico informan acerca de apuñalados, disparos, asesinatos, borracheras, violaciones e incesto. ¿Dónde nos hemos equivocado como nación? ¿Estamos perdiendo esas cualidades que han hecho fuerte a Estados Unidos? ¿Están desmoronándose nuestras familias junto con las bases éticas de este país? ¿Cómo podemos volver al buen camino a fin de retomar la grandeza del pasado?

En 450 a. C., Esdras le escribió a su pueblo las palabras que hallamos en el versículo para hoy, el 14.

Dice que nos humillemos, oremos, busquemos el rostro de Dios y nos arrepintamos de nuestros pecados. Entonces Dios...

- responderá nuestras oraciones;
- perdonará nuestros pecados; y
- sanará nuestra tierra.

Como matrimonio pueden reconocer las verdades de este pasaje y presentarse ante Dios con total humildad, comprometiendo cada una de sus vidas de nuevo a la justicia de Dios. Estoy seguro de que en su hogar serán determinantes. Ya no irán tras la corriente de este país. Ustedes y su familia dirán: «Basta. Ya no más. Regresemos a los principios eternos que están en la Biblia».

Recuerden lo que Susana Wesley dijo acerca del evangelio:

- Lo creemos;
- Lo vivimos.

Necesitamos matrimonios que no solo crean en la Biblia, sino que comiencen a vivirla. Comiencen hoy mismo a vivirla en su propia familia.

Oración

> *Padre Dios, tú sabes cuánto anhelamos que Estados Unidos vuelva a las virtudes que hicieron grande esta nación. El cambio vendrá a través de familias transformadas y queremos sumarnos como equipo para cambiar la dirección descendente que lleva nuestro país. A veces pareciera una tarea imponente, pero confiamos en que tú nos darás la convicción, la energía, el amor y la pasión necesarios para dejar una marca a través de tus caminos. ¡Permite que cada miembro de nuestra familia se entusiasme con este nuevo comienzo! Amén.*

Tomen medidas

- Escribe el versículo clave de hoy en tu agenda y subráyalo en tu Biblia.
- Comenten en familia este desafío a la hora de la comida.
- Pregunta a todos los miembros de tu familia cómo pueden llevar adelante este desafío en el día a día.
- Oren juntos por nuestro país y nuestras familias.

Lectura adicional

2 Crónicas 6:37-39   Santiago 4:10

*P*rimavera / Verano / Otoño / Invierno

Lectura bíblica: Eclesiastés 3:1-11

Versículos clave: Eclesiastés 3:1-2

> *Todo tiene su momento oportuno; hay un tiempo para todo lo que se hace bajo el cielo: [...] un tiempo para plantar, y un tiempo para cosechar.*

*E*n el Almanaque del Granjero encontramos detalladas descripciones sobre la siembra, la siega y la cosecha: cuándo sembrar y cuándo descansar. Los frutos por sembrar nuestras semillas no solo se basan en lo que hacemos, sino en los elementos de la naturaleza. Debemos estar preparados para hacer todo lo que podamos y luego estar dispuestos a que Dios haga el resto.

PRIMAVERA

En la primavera de la vida plantamos nuestras semillas. Nos entusiasman mucho todas las novedades de la vida: el noviazgo, la boda, un nuevo empleo, los hijos, un nuevo hogar y todas las demás cosas emocionantes que vienen con la primavera. Estamos llenos de toda esa esperanza y expectativa de lo que tiene para ofrecernos la vida. Muchas veces somos ingenuos en cuanto a lo que hacemos. A menos que estemos unidos de verdad como pareja, pensamos o razonamos poco en el porqué lo hacemos.

Un experimentado y verdadero granjero no es tan indiferente en cuanto a esta etapa de la vida. Se da cuenta de que a fin de tener una buena cosecha debe tener una buena primavera. Debe saber qué va a sembrar, hacer una adecuada selección de semillas, sembrar después de la última helada y orar para que la lluvia o el riego lleguen en el momento apropiado.

La primavera es crucial en la vida porque lo que sucede en estos tres meses influye en gran manera en lo que serán las otras tres estaciones del año.

Como matrimonio, debemos prestar la atención necesaria y reconocer que las semillas que sembramos en la primera etapa de nuestra vida determinan cómo será el resto de nuestra vida.

Establezcan las metas y los propósitos de la vida en esta fase de su existencia. Tienen que ser pacientes y estar dispuestos a posponer sus deseos de gratificación inmediata.

Uno de nuestros lemas es: «El éxito es el cumplimiento progresivo de las metas que valen la pena». La primavera es la etapa de la vida en la que comenzamos a establecer estas metas.

VERANO

Muchas veces, el trabajo pesado del verano nos hace perder de vista el sentido de la vida. Durante estos largos y calurosos días debemos seguir adelante y recordar el porqué estamos en esta tierra. No es por accidente que estamos aquí. De vez en cuando tendremos una tormenta que romperá la monotonía de este período de la vida.

Esto también sucede en nuestro matrimonio. Debemos arrancar las malas hierbas de la vida que intentan ahogar las jóvenes plantas en cuanto se asoman por el suelo.

La primavera tiene la frescura de lo nuevo, pero el verano nos pone a prueba para ver si en verdad tenemos la disciplina y el carácter piadoso para ver la vida a través de esos períodos difíciles. Muchos granjeros y matrimonios potenciales no consiguen atravesar esta etapa de la vida. Solo sobreviven los dedicados y con un propósito serio. La vida con frecuencia se torna aburrida durante esta etapa, pero siempre debemos recordar que para llegar a la estación de la cosecha, debemos pasar el verano.

Su matrimonio recibirá las mayores tensiones durante el verano, de manera que sigan reafirmando su compromiso y propósito el uno con el otro. En Génesis 2:24 leemos: «El hombre dejará a su padre y a su madre y se unirá a su mujer, y serán una sola carne» (LBLA). En el verano es cuando nos convertimos en uno y seguimos prometiéndole a nuestro cónyuge que tenemos un mismo propósito.

OTOÑO

Ahora el otoño está aquí... todo por lo que hemos trabajado durante tanto tiempo y con tanto ahínco. Al fin lograremos recoger la cosecha de nuestros esfuerzos, si hicimos un buen trabajo en la primavera y el verano.

«El que siembra escasamente, escasamente cosechará, y el que siembra en abundancia, en abundancia cosechará» (2 Corintios 9:6).

Esta es la etapa de la vida donde recibimos nuestras bendiciones. A fin de tener abundancia, teníamos que haber sembrado en abundancia. Este es el período del pago en nuestra vida. En Proverbios 24:3-4 se nos promete que nuestros cuartos se llenarán de bellos y extraordinarios tesoros.

Estos bellos y extraordinarios tesoros son nuestros hijos, nuestros amigos, la buena salud, la estabilidad emocional y psicológica y, por sobre todo, nuestro amor por el Señor; solo las cosas que esperábamos cuando estábamos en la primavera de la vida.

Una de las advertencias de esta estación es no consumir toda nuestra cosecha. Debemos guardar algunas semillas y frutos a fin de que tengamos algo para sembrar en la próxima primavera. Habrá otra primavera, y de seguro desearemos estar preparados para cuando llegue.

Como abuelos, vemos sin falta la importancia de guardar para la próxima primavera, no solo para nosotros, sino para los de nuestra herencia. Después de todo, cultivamos más de una generación.

INVIERNO

Por fin llegó el invierno y podemos tener un ritmo más apacible y sencillo por el campo. La mayor parte del día hace frío, la tierra está helada y sopla un viento gélido desde las planicies septentrionales. Mi esposa y yo podemos disfrutar de enriquecedores momentos de conversación, mirar al pasado con sonrisas y algunos ceños fruncidos, pero casi siempre complacidos por los logros de la primavera, el verano y el otoño. Un buen libro, un CD de música suave, una siesta en la tarde, una cena temprano y una buena noche de sueño.

¿No es agradable que ambos nos sentemos junto a la chimenea? Podemos mirarnos a los ojos y decir: «Dios te bendiga y buenas noches... ¡en verdad eres mi mejor amigo!».

Disfruten del invierno... ¡es tan rejuvenecedor!

Oración

Padre Dios, gracias por las estaciones de la vida. Permite que nos demos cuenta de que debemos ser buenos mayordomos de cada etapa. Permítenos captar lo increíble de este concepto. Que disfrutemos de cada estación y cosechemos las bendiciones que ofrece cada una. Gracias por plantar en nosotros el deseo de seguirte a ti y tus principios para una vida enriquecedora, gratificante y significativa. Gracias por darnos un plan y un propósito. Amén.

Tomen medidas

- ¿En qué estación de la vida se encuentran?
- ¿Qué metas y propósitos establecieron para esta estación?

- ¿Cómo querrían que fuera su otoño?
- ¿Qué hacen para conseguirlo?

Lectura adicional

Proverbios 24:3-4   Mateo 6:33

No estamos solos

Necesitamos sentir más
 para comprender a otros.
Necesitamos amar más
 para que nos amen.
Necesitamos llorar más
 para limpiarnos.
Necesitamos reír más
 para divertirnos.
Necesitamos ver más
 a los demás que a nuestras pequeñas fantasías.
Necesitamos escuchar más
 y prestar atención a las necesidades de otros.
Necesitamos dar más
 y tomar menos.
Necesitamos compartir más
 y poseer menos.
Necesitamos mirar más
 y darnos cuenta que no somos tan distintos unos de otros.
Necesitamos crear un mundo
 donde todos puedan vivir en paz la vida que elijan.

Susan Polis Schutz

Quiénes somos en Cristo

Lectura bíblica: Salmo 27:1-14

Versículos clave: Salmo 27:7-8

> *Oye, SEÑOR, mi voz cuando a ti clamo; compadécete de mí y respóndeme. El corazón me dice: «¡Busca su rostro!» Y yo, SEÑOR, tu rostro busco.*

Una de las grandes verdades de las Escrituras es descubrir quiénes somos en Dios. No nuestra posición en la vida, ni nuestra riqueza, ni nuestras posesiones materiales, ni nuestra apariencia física, sino quiénes somos en Dios.

En el himno de alabanza anterior, David expresa su confianza en el Señor (versículos 1-6), ora por una victoria constante (versículos 7-12) y se regocija en esperar en el Señor (versículos 13-14).

Las Escrituras nos dicen que David fue un hombre conforme al corazón de Dios. Se le consideraba un hombre piadoso en verdad.

En este pasaje podemos seleccionar palabras que responden cuatro preguntas básicas acerca de Dios y su presencia en nuestra vida:

- Quién es Dios
- Qué hace Dios
- Quiénes somos
- Qué hacemos

Quién es Dios

- Es nuestro Señor
- Es nuestra salvación
- Es bueno
- Es nuestro defensor en la vida
- Es la luz
- Es un maestro
- Es mi Salvador
- Es hermoso

Qué hace Dios

- Nos defiende
- Nos guarda seguros
- Nos esconde
- Nos levanta
- Nos coloca por encima de las circunstancias
- Escucha mi voz
- Nos recibe en forma incondicional
- Es soberano
- Nos protege de falsos testigos

Quiénes somos

- Somos adoradores
- Buscamos a Dios
- Somos demandantes en oración
- Tenemos enemigos
- Necesitamos liderazgo
- Somos impacientes
- Experimentamos rechazo
- Somos temerosos
- Somos aprendices
- Somos hijos de Dios
- Somos siervos de Dios
- Somos inseguros porque no pedimos

Qué hacemos

- No tememos, sino que confiamos en la bondad de Dios
- Confiamos
- Oramos, buscamos, pedimos
- Meditamos en su templo
- Esperamos en el Señor
- Deseamos estar en la casa del Señor
- Buscamos el rostro del Señor
- Cantamos alabanzas con gozo
- Nos armamos de valor
- Le hacemos nuestras peticiones (oración) a Dios

¡Qué pasaje tan maravillosos de la Escritura que nos permite dejar al descubierto el carácter de Dios y cómo nosotros como pareja podemos responder a Él! Ser cristiano es más que tan solo ir a la iglesia y decir unas oraciones simbólicas. Según lo que nos transmite David, Dios nos responde y nosotros debemos responderle. Comenta con tu cónyuge lo maravilloso que es Dios.

Oración

Padre Dios, es difícil darse cuenta lo grandioso que eres. Lo intentamos, pero nuestra mente no llega a comprenderlo. Al leer tu Palabra, damos gracias por hombres como David que dedicaron un tiempo hace tantos siglos para escribir las conversaciones que tuvo contigo. Gracias, también, por elegir a David como mensajero. Apreciamos todas las verdades aprendidas en la lectura de hoy. Pon en nosotros un deseo de buscar en tu Palabra y meditar en ella hasta que seamos capaces de saborearla en nuestro propio ser. Amén.

Tomen medidas

- Elijan una verdad de cada grupo y mediten en ella.
- ¿Qué significa cada una?
- ¿Cómo puedo responder a esta verdad?
- Seleccionen al menos una respuesta y pónganla en práctica hoy en su vida.

Lectura adicional

Salmo 25:12   Salmo 37:4

Cinco cualidades
de las parejas saludables

1. Las parejas saludables tienen un menú claro de expectativas. Cuando una familia acuerda un menú de opciones para una vida y relaciones de calidad, disfrutarán de una familia saludable y de éxito.

2. Las parejas saludables comprenden y practican la comunicación significativa. Dentro de la comunicación conyugal y familiar, es importante recordar que uno intenta llegar al nivel más profundo de intimidad.

3. Las parejas saludables se relacionan con grupos pequeños y saludables de apoyo. Se reúnen de manera regular con tres o cuatro matrimonios que tienen su mismo compromiso hacia Dios y el matrimonio.

4. Las parejas saludables son conscientes de las conductas ofensivas y poco saludables que se heredan. La Biblia dice que los pecados de un padre afectan a los hijos hasta la cuarta generación. Debo reconocer que lo que hago con mi esposa e hijos hoy podría estar relacionado en forma directa con mi bisabuelo.

5. Las parejas saludables tienen una relación llena de vida con Jesucristo. Cuando Jesús impregna nuestra relación familiar, experimentamos un espíritu de calma y tranquilidad; también sabemos que Él es nuestra fuente de vida.

Gary Smalley
en Las siete promesas de un cumplidor de su palabra[9]

$\mathcal{S}$eis personas ante el altar

Lectura bíblica: Salmo 139:1-24

Versículo clave: Salmo 139:23

> *Examíname, oh Dios, y conoce mi corazón; pruébame y conoce mis pensamientos* (RV-60).

$\mathcal{U}$n amigo pastor de años nos cuenta que cuando da el curso de consejería prematrimonial a una pareja, hay en realidad seis personas frente a él durante la ceremonia:

El novio
- El hombre que cree ser
- El hombre que tú crees que es
- El hombre que es en realidad

La novia
- La mujer que cree ser
- La mujer que tú crees que es
- La mujer que es en realidad

Uno de los secretos de un matrimonio exitoso es que cada uno reconozca y viva según lo que es en realidad. Solo cuando nos paramos ante Dios con verdad absoluta podemos ir como pareja en la dirección que Dios tiene para nosotros.

Recuerden que Dios es el único que sabe todo acerca de nuestro principio y fin. Conoce nuestra genealogía y creó cada célula de nuestro cuerpo. Conoce nuestras emociones y cualquier incapacidad física. Espera que nosotros reconozcamos que Él lo sabe todo acerca de nosotros.

Uno de nuestros pecados es esconder de los demás nuestro verdadero yo. Tememos no gustarle a la gente o que no nos quieran si se enteraran cómo somos en realidad. De manera que pasamos la mayor parte de nuestra vida escondiéndonos de nosotros mismos. Solo cuando acudamos en humildad ante Dios y extendamos nuestros brazos y manos hacia el cielo y clamemos: «Examíname, oh Dios, y conoce mi corazón; pruébame y conoce mis pensamientos», lograremos comenzar a conocer nuestro verdadero ser.

Como matrimonio, una de nuestras metas es llegar a ser uno (Génesis 2:24-25) y estar dispuestos a presentarnos ante Dios desnudos y sin avergonzarnos. No nos referimos a la desnudez física, sino a presentarnos libres de culpas, ansiedades y pecados pasados de omisión o comisión.

Que tanto tú como tu cónyuge puedan deshacerse hoy de las primeras cuatro personas en el altar del matrimonio y concentrarse en ser la tercera y la sexta de la lista: el hombre y la mujer que son en realidad.

¡Qué liberación se experimenta en el espíritu cuando uno se sincera en el exterior así como en el interior! Deja de ocultarte hoy mismo y preséntate ante tu pareja desnudo y sin avergonzarte.

Oración

Padre Dios, qué alivio saber que puedo conocerme como tú me conoces. Mi oración para este día es que ambos podamos ser sinceros entre nosotros. Ya no queremos ocultarnos tras una fachada de falsedad. Toma estas energías negativas y conviértelas en positivas para honra y adoración a ti, tu Hijo y tu Espíritu. Amén.

Tomen medidas

- Arriésgate a equivocarte contándole a tu cónyuge una mentira de una pretensión que deseas cambiar hoy.

- Pídele a tu cónyuge que ore por esta decisión y te ayude a cumplirla.
- Anota en tu diario lo que decidiste hacer.

Lectura adicional

Génesis 2:24-25   Romanos 8:18-27

Aprende a llenar tus días, uno por uno. No trates de llenar el vacío de una sola vez. Toma tu día más solitario; llénalo hasta la mitad con diversión y amigos. Luego concéntrate en otro día. Una vez que hagas esto con varios días de la semana, descubrirás que ha mejorado la calidad de tu vida, y gran parte de tu depresión se habrá convertido en gozo y mucho más de tu ansiedad, tu soledad oculta, se habrá disipado.

Toby Rice Drews

El trabajo pesado no es divertido

Lectura bíblica: 2 Corintios 6:3-11

Versículo clave: 2 Corintios 6:4

> *... Con mucha paciencia [...] en sufrimientos, privaciones y angustias.*

Los versículos de hoy apuntan al trabajo pesado de la vida. ¿No sería fabuloso si nuestra relación de esposos no tuviera problemas y solo hiciéramos cosas divertidas? Nuestra sociedad dice: «Solo hazlo si te hace sentir bien». No obstante, si tan solo hiciéramos las cosas que nos hacen sentir bien, jamás tendríamos oportunidad de experimentar las cosas que desarrollan el verdadero carácter cristiano.

Si nos levantamos y permitimos que nuestra vida brille durante la realización de las tareas monótonas, seremos testigos de una transfiguración que hace que el trabajo pesado sea divino.

¿Cómo transformamos lo mundano en divino? El pasaje de hoy dice que como siervos de Dios nos acreditamos en:

- mucha paciencia
- sufrimientos
- privaciones
- angustias
- azotes

- hambre
- pureza
- conocimiento
- constancia
- bondad

- cárceles
- tumultos
- trabajos pesados
- desvelos

- el Espíritu Santo
- amor sincero
- palabras de verdad
- el poder de Dios

con armas de justicia, tanto ofensivas como defensivas; por honra y por deshonra, por mala y por buena fama [...]golpeados, pero no muertos; aparentemente tristes, pero siempre alegres; pobres en apariencia, pero enriqueciendo a muchos; como si no tuviéramos nada, pero poseyéndolo todo.

Sí, Pablo sabía cómo tomar el trabajo pesado de la vida y convertirlo en algo divino.

¿Cómo podemos hoy tomar todo nuestras tareas pesadas de

- trabajo
- hijos
- matrimonio
- pérdida del trabajo
- pérdida de la salud
- reparación de electrodomésticos rotos

- lavado de la ropa
- trabajo del patio
- arreglo del automóvil
- limpieza del garaje
- falta de dinero

y transformarlas en divinas? Solo cuando nos volvemos siervos unos de los otros y permitimos que el Espíritu Santo nos fortalezca más allá de nuestras fuerzas humanas.

Oswald Chambers dice: «Esta clase de trabajo es una de las mejores pruebas para determinar la autenticidad de nuestro carácter. Es la labor que no se acerca en lo más mínimo a lo que nosotros consideramos como un trabajo ideal. Es una obra totalmente difícil, baja, molesta y sucia. Y cuando pasamos por ellas, se prueba nuestra espiritualidad porque vamos a saber inmediatamente si somos o no espiritualmente auténticos»[10].

Dios debe inspirar el trabajo pesado a fin de que lo veamos de acuerdo a su adecuada luz. Sin duda, la muerte de Cristo en la cruz fue el peor de los trabajos pesados, pero fue vital y necesario para nuestra salvación.

Como matrimonio, ninguno de nuestros trabajos pesados tendrá jamás tal exigencia.

Oración

Padre Dios, al observar los trabajos pesados diarios de nuestra vida, permite que podamos reconocer que somos tus siervos. Que podamos ver la luz de eternidad en estas tareas, de manera que reconozcamos que tú edificas un carácter eterno en nuestra vida. Que como padres seamos capaces de transmitir estos principios de vida a nuestros hijos a fin de que reconozcan las virtudes que hay en las cosas que no siempre son muy divertidas.

Tomen medidas

- Analicen dos o tres de sus trabajos pesados para ver cómo Dios puede transformarlos en virtudes.
- Identifiquen hoy una de esas tareas y digan lo siguiente: «Venceré esa voz negativa que desde mi interior me dice que esto no es divertido». Tomen lo negativo de Satanás y conviértanlo en algo piadoso y positivo.

Lectura adicional

Juan 13:1-17   Hebreos 13:5

*E*ste gran desorden es una bendición

Lectura bíblica: 1 Timoteo 5:1-15

Versículo clave: 1 Timoteo 5:8

> *El que no provee para los suyos, y sobre todo para los de su propia casa, ha negado la fe y es peor que un incrédulo.*

«*B*illy, ¿podrías ayudar con los platos esta noche? Hoy fue un día agotador en el trabajo y no tengo la energía para hacer una cosa más». La respuesta de Billy es como la de muchos adolescentes: «Pero mamá, yo no fui el único que ensucié. El resto de la familia tiene que ayudar también. Detesto los platos sucios. ¿Por qué no podemos usar platos de cartón?».

¿Te parece conocida esta conversación? ¿A quién le gusta el desorden que se produce en una comida? ¿No sería fabuloso si de alguna manera los platos se ocuparan de sí mismos? Por supuesto, no es así; el desorden necesita atención.

Gran parte de la vida depende de cómo vemos las cosas. ¿Somos personas positivas o negativas? ¿Nuestro vaso está medio lleno o medio vacío?

Tratemos de transformar los desórdenes de nuestra vida en bendiciones. Si tenemos platos sucios, significa que comimos alimentos, y casi siempre más de lo que necesitamos. Tenemos sobras, lo que indica que tenemos abundancia de alimentos.

Démosle gracias a Dios por la abundancia de alimentos, en lugar de por el desorden que hacemos. En Estados Unidos, la mayoría de nosotros tenemos la verdadera bendición de tener suficiente comida en nuestra mesa.

Vamos a enseñarle a nuestra familia a darle gracias a Dios por darnos suficiente alimento, de modo que tengamos platos sucios de esa comida. ¿Cuántos de nuestros otros desórdenes son solo evidencia de que Dios nos ha dado en abundancia? Echémosles un vistazo a nuestros desórdenes con una nueva luz: ¿Cómo son señales de abundancia?

- ¿Qué tal las ropas que se necesitan lavar y planchar?
- ¿El césped que se necesita cortar?
- ¿Las camas que se necesita hacer?
- ¿Las alfombras que se necesita pasarle la aspiradora?
- ¿El refrigerador que necesita limpieza?
- ¿La escuela a la que se necesita ir a pie?
- ¿Un empleo al que se necesita ir en auto?
- ¿La casa que necesita pintura?
- ¿El televisor que necesita reparación?

Oración

Padre Dios, gracias por mostrarme que necesito que me recuerden que nuestros desórdenes son en realidad una señal de abundancia y que tú eres el que nos das de manera tan generosa a nosotros, tus hijos. Te agradecemos por todo lo que le das a nuestra familia. Gracias por nuestro hogar, nuestros alimentos, nuestras ropas, nuestros electrodomésticos, nuestras escuelas y nuestros empleos. En verdad quiero mirar nuestra abundancia y no nuestros desórdenes. Amén.

Tomen medidas

- Como familia, analicen los desórdenes de sus vidas.

- ¿Cómo son en verdad señales de que Dios nos ha dado en abundancia?
- Denle gracias a Dios por todos los desórdenes que se han convertido en bendición.
- Acostúmbrense a darle gracias a Dios antes de cada comida.

Lectura adicional

Efesios 4:25-28   Lucas 12:15

$\mathcal{M}$anténganse fieles a Dios

Lectura bíblica: Romanos 8:28-31

Versículo clave: Romanos 8:28

> *Sabemos que Dios dispone todas las cosas para el bien de quienes lo aman, los que han sido llamados de acuerdo con su propósito.*

$\mathcal{E}$sta promesa está reservada para los hijos de Dios. A veces esta promesa se le da a un incrédulo como consuelo por la muerte de un ser querido, un revés económico o incluso ante un fracaso matrimonial. Cuando usamos este versículo de manera inadecuada, quizá consolemos, pero esta promesa es solo para el creyente escogido por Dios para ser uno de sus hijos.

Este versículo es también una prueba de nuestra fidelidad a Dios. ¿Solo somos cristianos en los buenos tiempos? ¿O podemos permanecer fieles a Dios incluso durante los tiempos difíciles de nuestra vida? ¿Podemos seguir viendo el propósito de Dios para nosotros en tiempos de enfermedad, de muerte, en la falta de alimentos, de trabajo o dinero, de hogar o de una familia?

En nuestra cultura actual, se nos desafía a mantenernos fieles a nuestro trabajo, a nuestro equipo deportivo, a nuestro país, a nuestra escuela y a nuestro matrimonio, pero pocas veces se nos alienta a mantenernos fieles a Dios cualquiera que sea la situación.

Larry Crabb les recuerda a sus lectores en *El Edificador Matrimonial* que la esperanza del cristiano no radica en que cambien las circunstancias, que pueden o no cambiar, sino en la gracia de Dios. No debemos esperar que las circunstancias cambien, sino que nuestra esperanza debe estar en la gracia de Dios y en su amor incondicional e inmerecido por nosotros.

Dios promete que permitirá que nos sucedan solo las cosas que cumplan con su divino propósito en nuestra vida. Nuestra responsabilidad es reaccionar ante los eventos de la vida de manera que agrade al Señor y no tratar de transformar las circunstancias según nuestros deseos[11].

La idea no es que obramos para Dios, sino que gracias a nuestra fidelidad hacia Él, puede obrar por medio de nosotros.

Recuerden que Dios es el alfarero y nosotros el barro. Él desea hacernos conforme a su imagen y no la nuestra. En la cultura de los años de 1990 es difícil vivir este hecho, debido a que lo hacemos en un medio del «ahora mismo». Solo queremos hacer cosas que nos produzcan placer inmediato. Muchas de las circunstancias de la vida que edifican el carácter no resultan agradables; es más, lastiman y son bastante dolorosas. Son sucesos que jamás elegiríamos por nosotros mismos.

Como matrimonio, ratifiquen hoy su fidelidad a Dios. Reconozcan que Él es Dios y que solo permite que nos sucedan cosas que moldeen nuestra vida.

Oración

Padre Dios, al presentarnos ante ti en este día deseamos ser fieles a ti, pero en términos humanos tememos que no nos protejas lo bien que lo haríamos nosotros mismos. Solo a través de las Escrituras y la gracia que nos das podemos llegar a esta verdad. Sin embargo, hoy ratificamos nuestra confianza y fidelidad a ti. Úsanos de manera que seas glorificado. Somos vasijas vacías para que llenes con tus propósitos. Deseamos que nos uses. Amén.

Tomen medidas

- Entrega tu pareja, tu familia, tu trabajo y tus posesiones al Señor.

- Reconoce que todo lo que tienes es un préstamo de Dios; Él es el alfarero y tú la arcilla.

Lectura adicional

Romanos 11:29   1 Corintios 1:9

Una nueva clase de compromiso

D urante toda mi vida, el estado de ánimo de mis socios influyó mucho en mí. Cuando estaban ansiosos y nerviosos, yo reflejaba esa ansiedad. Ahora [...] aunque todavía me desempeño en los mismos círculos [...] encuentro una calma y una capacidad de amar con más sinceridad e integridad que antes. He comenzado a interpretar mi vida para una audiencia diferente: para el Cristo vivo [...] Comencé a levantarme por la mañana consciente de que Dios está al tanto de mí y de cada uno de mis movimientos de vigilia. Comencé a ser capaz de decirle que solo para Él deseaba realizar las acciones del día. Justo el acto consciente de decidir que era una nueva clase de compromiso, por sí solo, cambió todas las clases de cosas.

Keith Miller

Con humildad consideren a los demás

Lectura bíblica: Filipenses 2:1-8

Versículo clave: Filipenses 2:5

La actitud de ustedes debe ser como la de Cristo Jesús.

¿Escuchaste hablar del pastor al que le dieron una insignia por ser la persona más humilde de la iglesia? ¡Se la quitaron cuando se la puso!

Humildad. Es difícil utilizarla. ¿Qué es con exactitud?

Estaba en el pasillo del piso superior mirando hacia abajo por el pasamano y a la espera de que los pequeños vinieran a bañarse. Mi hija mayor, tomando su lección de piano, estaba en la sala justo debajo, y la melodía repetitiva que tocaba resonaba en mi mente.

Noté, sin embargo, que uno de mis hijos menores subía con lentitud las escaleras y se tapaba su cara sucia con sus manitos mugrientas. Cuando llegó arriba, le pregunté qué le pasaba.

—Eh, nada —me respondió.

—Entonces, ¿por qué te cubres la cara con las manos? —insistí.

—Ah, estaba orando.

La curiosidad pudo más y quise saber por qué oraba.

—No puedo decírtelo —insistió—, porque si lo digo, te vas a enojar.

Luego de mucha persuasión, lo convencí de que podía confiar en mí y que, cualquier cosa que me dijera, no me enojaría. De modo que me explicó que se trataba de un problema que tenía con su mente.

—¿Un problema con tu mente? —le pregunté, ahora más curiosa que nunca, preguntándome qué clase de problema tendría con su mente un niño de seis años—. ¿Qué clase de problema?

—Bueno... —dijo—, verás, cada vez que paso por la sala, veo a mi profesora de piano y se me sale la lengua...

No hace falta que diga que me costó no reírme, pero tomé su problema con seriedad y le aseguré que Dios podría ayudarlo.

Más tarde, mientras bañaba a este pequeño de rodillas junto a la pila, pensé en mi continua lucha con el problema de controlar mi mente y mi lengua. Esa tarde, al arrodillarme para restregar ese fuerte cuerpecito, la tina se convirtió en mi altar y el baño en mi templo. Incliné la cabeza, me cubrí el rostro y reconocí que, al igual que mi hijo, tenía un problema con mi mente y mi lengua. Le pedí al Señor que me perdonara y me diera cada vez más la mente, el corazón y la actitud de Cristo[12].

Con el continuo bombardeo de los medios sobre la autoestima, es fácil confundirse con lo que es la auténtica humildad. Tener la mente, el corazón y la actitud de Cristo es un buen inicio, y el versículo tres del pasaje de hoy añade esto: «No hagan nada por egoísmo o vanidad; más bien, con humildad consideren a los demás como superiores a ustedes mismos».

A medida que estudiamos la vida de Cristo, vemos que su buena voluntad para servir tenía sus raíces en su confianza de que Dios lo amaba. Jesús halló fortaleza y seguridad en saber lo valioso que era para su Padre. Este conocimiento del amor del Padre le permitió a Jesús servir al pueblo y al final morir por nosotros los seres humanos pecadores. Asimismo, conocer nuestro valor en Dios por medio de Cristo es el primer paso hacia la verdadera humildad.

Es debido a la fortaleza, no a la debilidad, que crecemos en humildad. Bruce Narramore declara que la humildad tiene tres elementos:

- Reconoces que necesitas a Dios;
- Una evaluación realista de tus capacidades;
- Una buena disposición para servir[13].

¿Ocupan estos tres elementos su justo lugar en tu vida? Son aspectos de verdadera humildad y son de suma necesidad si vamos a servir en el reino de Dios.

Oración

Padre Dios, tú sabes lo egoísta que soy. Sabes que siempre estoy ocupado con algo y cuánto me disgusta que me interrumpan. Necesito aprender a dar de mí a los demás. Enséñame a ser humilde. Enséñame a servir como lo hizo Cristo. Amén.

Tomen medidas

- ¿Reconocen su necesidad de Dios? Si es así, denle gracias a Dios por esa percepción. Si no es así, ¿por qué?
- Evalúen sus capacidades. Enumeren seis puntos fuertes y seis puntos débiles. ¿Qué van a hacer por el reino de Dios con sus puntos fuertes? ¿Qué planes tienen para convertir sus puntos débiles en fuertes?
- ¿En qué tres posiciones u organizaciones desearían servir? Den el primer paso y esta semana ofrezcan sus servicios en alguna de esas esferas.

Lectura adicional

Filipenses 2:8-9   Santiago 1:26—3:18
Salmos 39:1-13

Haz todo el bien que puedas, por todos los medios que puedas, de todas las maneras que puedas, en todos los lugares que puedas, a todas las personas que puedas, durante todo el tiempo que puedas.

Juan Wesley

$\mathcal{E}$stá el gozo de Dios en ustedes?

Lectura bíblica: Juan 15:1-17

Versículo clave: Juan 15:11

> *Estas cosas os he hablado para que mi gozo esté en vosotros, y vuestro gozo sea completo* (RV-95).

$\mathcal{H}$ace varios años, nos ganamos un viaje a Jamaica y disfrutamos de un tiempo maravilloso que nos ha dado muchos recuerdos para el resto de nuestra vida. En el viaje iban con nosotros muchos de nuestros distribuidores y ejecutivos de la empresa con sus esposas. Al aterrizar nuestro avión en Jamaica, los doscientos pasajeros bajamos por la escalerilla con emociones mezcladas. Algunos expresábamos nuestro más puro deleite por el clima cálido, la belleza del agua y los frescos aromas de las frutas y hortalizas recién cortadas. Incluso nos encantó nuestro modo de transportación al hotel y el entorno de sus instalaciones tropicales.

Sin embargo, como es de esperar en cualquier serie representativa de personas, otros expresaron su desagrado por las mismas características que nos fascinaban a nosotros. No salíamos de nuestro asombro ante tantos turistas descontentos en semejante lugar paradisíaco y romántico contrariados por el clima más perfecto que uno jamás pudiera imaginar.

A la mañana siguiente, cuando nos dirigíamos hacia los ascensores para ir a desayunar, nos salieron al encuentro unas jóvenes empleadas jamaiquinas. Cantaban, reían y daban gracias a Dios por un nuevo y bello día. De repente, todos fuimos conscientes del contraste entre los diversos grupos en su hotel. Muchos de los acaudalados miembros de nuestro grupo protestaban, ¡pero estas jóvenes de ingresos bajos (que quizá trabajaban por menos que nuestro salario mínimo en Estados Unidos) expresaban gozo por su abundancia! Más tarde nos enteramos que estas empleadas asistieron a escuelas de las misiones y las instruyeron en los fundamentos de la fe cristiana.

En nuestro pasaje de hoy, Jesús enseña acerca de la vid y las ramas, y cómo se relaciona esto con la producción de buenos o de malos frutos. Jesús enseña al lector que Él dijo esto para que el gozo de Jesús estuviera en nosotros y nuestro gozo fuera completo.

Sin duda, estas jovencitas reflejaban el gozo de Jesús en su conducta y su testimonio hacia la gente que los rodeaba. No estaban gozosas a causa del estatus, la riqueza o las posesiones, sino porque Jesús les dijo que podían tener su gozo. Es así de sencillo: Cada día podemos decidir llenarnos de gozo. Podemos responder a los demás del modo que queramos, pero la Escritura dice que podemos tener el gozo de Cristo en nuestra vida, y que este puede ser completo. Esto significa que no hace falta nada aparte de Jesús (ni riquezas, ni un nivel social, ni posesiones), sino solo Jesús para que nuestro gozo sea completo. Ya no necesitamos decir más que seríamos felices si solo tuviéramos

_____.

Cuando enseñaba en el tercer grado de la Escuela Dominical, recuerdo que le explicaba a los niños que sentir gozo significaba que no había nada que se interpusiera entre ellos y Jesús. Y esa es la verdad del evangelio. A fin de tener gozo, todo lo que necesitamos es a Jesús y a nosotros mismos... nada más ni nada menos.

Otros pasajes clave de las Escrituras que nos desafían como matrimonio en cuanto al gozo son:

- Mi meditación en el Señor será dulce. Yo me regocijaré en Él (del Salmo 104:34, RV-60).
- Alegrémonos de que nuestros nombres están escritos en el cielo (de Lucas 10:20).
- Me has mostrado los caminos de la vida y tu presencia me llenará de gozo (de Hechos 2:28, RV-60).

Oración

Padre Dios, en verdad anhelamos reflejar en nuestra vida el gozo que nos has dado. Hay un mundo herido que nos observa para que le mostremos que existen ricas bendiciones en ser tu hijo. Como matrimonio, permítenos decidir que cada día estará lleno de gozo. Gracias por tu fulgor; la vida sería como un día nublado sin tu influencia en nuestra vida. Amén.

Tomen medidas

- Comprométanse el uno con el otro en que reflejarán el gozo en este día a través de _____, _____ y _____ (inserta la acción).
- Haz esta pregunta hoy a todos en la mesa y permite que cada uno contribuya a la respuesta: «¿Cómo la gente muestra que tiene gozo en su vida?».
- Que cada uno alrededor de la mesa le diga a la persona a su izquierda lo que hace para expresarles gozo a otros.
- ¿Cómo podrían demostrar más gozo en su vida?

Lectura adicional

Salmo 100:1	Lucas 24:52-53
1 Samuel 2:1	Juan 17:13

El gozo del Señor

Dios nos permite que tengamos desilusiones, frustraciones o cosas aun peores porque Él desea que nos demos cuenta de que nuestro gozo no se encuentra en esos placeres mundanos como el éxito, el dinero, la popularidad, la salud o las relaciones sexuales, ni siquiera en una fe que obre milagros; nuestro gozo está en el hecho de que tenemos una relación con Dios. Pocos de nosotros comprendemos siquiera ese mensaje hasta que las circunstancias nos despojan de cualquier posibilidad de ayuda excepto de Dios mismo.

Catherine Marshall

El conocimiento de la voluntad de Dios

Lectura bíblica: Mateo 7:7-14

Versículos clave: Mateo 7:13-14

> *Entren por la puerta estrecha. Porque es ancha la puerta y espacioso el camino que conduce a la destrucción, y muchos entran por ella. Pero estrecha es la puerta y angosto el camino que conduce a la vida, y son pocos los que la encuentran.*

Con frecuencia hemos conversado con cristianos maduros que dicen: «Deseamos hacer esto, pero queremos asegurarnos que estamos en la voluntad de Dios». Y uno puede preguntarse: «¿Qué es esto llamado la voluntad de Dios? ¿Cómo sé si estoy o no en ella?».

Existen dos maneras de vivir:

- Vivimos para nosotros mismos.
- Vivimos para Dios.

Cuando vivimos para nosotros mismos, pasamos por alto la voluntad de Dios y seguimos nuestros propios deseos. Entonces, cuando procuramos seguir la voluntad de Dios, deseamos obedecerle y seguimos su camino.

Dios tiene una voluntad o un plan para cada uno de nosotros. Esto es importante que lo comprendamos porque Él nos ama. Sabe lo que es mejor para nosotros, incluso más allá de nuestras propias expectativas. Dios no quiere que nos perdamos sus planes para nuestra vida. Sin embargo, cuando vamos tras nuestros propios deseos y no tenemos en cuenta su voluntad, no seguimos lo que es mejor para nuestra vida y terminamos hiriéndonos y a veces también lastimamos a los que nos rodean.

Quizá parezca más sencillo pasar por alto la voluntad de Dios, pero es un sendero engañoso, una mentira que Satanás desea que creamos. En la lectura de hoy hay una advertencia a que entremos por la puerta estrecha y no por la ancha. La puerta ancha conduce a la destrucción (la mentalidad de «todos lo hacen»). Aun así, estrecha es la puerta y angosto el camino que conduce a la vida, y son pocos los que la encuentran.

Una de las pegatinas en el parachoques dice: «Las personas exitosas hacen lo que las personas sin éxito no están dispuestas a hacer». Así es, para tener éxito en todos los campos de la vida debemos ser selectivos, concentrados y disciplinados; debemos contar con un plan. Las personas de éxito siempre tienen un plan para su vida. ¿Tienen tú y tu cónyuge un plan? Si no lo tienen, hoy sería un buen día para comenzar a pensar en el plan de Dios para su vida.

¿Cómo conocemos la voluntad de Dios? Antes que todo, la conocemos a través de las páginas de su Palabra, la Biblia. Esta es una de las razones del porqué es tan importante que la Palabra de Dios sea parte de nuestra vida todos los días. En la Biblia hallamos los principios y las directivas de Dios para la vida. Algunos versículos que te ayudan a recalcar la verdad básica de sus divinas riquezas en la Escritura son:

- No me avergüenzo del evangelio, pues es poder de Dios para la salvación de todos los que creen: de los judíos primeramente, pero también de los gentiles (Romanos 1:16).
- Dichoso el que lee y dichosos los que escuchan las palabras de este mensaje profético y hacen caso de lo que aquí está escrito, porque el tiempo de su cumplimiento está cerca (Apocalipsis 1:3).

- La exposición de tus palabras nos da luz, y da entendimiento al sencillo (Salmo 119:130).
- El mandamiento es una lámpara, la enseñanza es una luz y la disciplina es el camino a la vida (Proverbios 6:23).

Por qué orar

Pedí pan y conseguí una piedra;
Usé la piedra para moler el grano
Que hizo la harina para hacer el pan
Que no podía obtener.
En vez de pedirle a Dios que nos dé
Las cosas por las que oramos,
Todo lo que necesitamos pedirle
A Dios es esto: Muéstranos el camino.

James A. Bowman

Por experiencia hemos aprendido que no es tan difícil *conocer* la voluntad de Dios como *hacer* la voluntad de Dios. El conocimiento parece más sencillo que la acción. Mediante la lectura de las cartas de Dios para nosotros y pidiéndole que nos muestre sus caminos podemos ver que Dios solo desea lo mejor para nuestra vida. Después tenemos que movernos por fe en esa dirección. Si encontramos un desvío, lo tomamos y luego continuamos avanzando por el buen camino. La voluntad de Dios no siempre es una línea recta; a veces hay curvas en el camino. Solo tenemos que seguir avanzando.

Oración

Padre Dios, ayúdanos a tener un espíritu de discernimiento cuando se trata de conocer tu plan para nuestra vida. A veces nos parece un misterio, pero con fe estudiaremos tu Palabra cada día a fin de recibir las instrucciones para este tiempo

*aquí en la tierra. Nuestras oraciones nos mantendrán en con-
tacto contigo y tu Espíritu Santo. Gracias por preocuparte
tanto por nosotros como para tener un plan perfecto para
cada uno. Amén.*

Tomen medidas
- Anoten en sus diarios dos o tres decisiones que necesitan tomar en su vida.
- ¿Cuál sería la voluntad de Dios para cada decisión?
- Escriban dos o tres actividades referidas para cada decisión que les podrían en marcha. Den hoy el primer paso.

Lectura adicional
Mateo 6:33

Filipenses 4:13

Josué 1:8

Romanos 10:17

Deuteronomio 11:18

¿Somos conscientes de la presencia de Dios? ¿Pensamos en Él dondequiera que vamos? Si no lo hacemos, nos hemos perdido lo mejor de la vida. ¿Sentimos y tenemos la convicción permanente de la presencia de Dios por dondequiera que vamos?

Henry Drummond

El amor es compasivo

Lectura bíblica: Santiago 1:19-26
Versículos clave: Santiago 1:22-24

> *No se contenten solo con escuchar la palabra, pues así se engañan ustedes mismos. Llévenla a la práctica. El que escucha la palabra pero no la pone en práctica es como el que se mira el rostro en un espejo y, después de mirarse, se va y se olvida en seguida de cómo es.*

Mi maestra, Anne Mansfield Sullivan, estuvo conmigo cerca de un mes y me enseñó cómo se decían varias cosas. Colocaba el objeto en mi mano, deletreaba el nombre con sus dedos y me ayudaba a formar las letras; pero yo no tenía ni la más remota idea de lo que hacía. No sé lo que pensaba. Solo tenía una memoria táctil de mis dedos haciendo esos movimientos y cambiando de una posición a otra. Un día, me dio una taza y deletreó la palabra. Luego puso líquido en ella y formó las letras a-g-u-a. Decía que yo parecía desorientada y que confundía las dos palabras, deletreando taza por agua y viceversa. Al final, me enojé porque la señorita Sullivan seguía repitiendo una y otra vez las palabras.

Desesperada, me llevó hasta la bomba cubierta de hiedra y me hizo sostener la taza debajo del pico mientras ella bombeaba. Con la otra mano deletreaba a-g-u-a en forma categórica. Permanecí quieta, con todo mi cuerpo concentrado en los movimientos de sus dedos mientras el frío chorro fluía por mis manos. De repente, se produjo una extraña conmoción en mi ser, una conciencia mística, una sensación de que recordaba algo. Fue como si hubiera vuelto a la vida después de la muerte. Comprendí que lo que mi maestra hacía con los dedos era esa cosa fría que me pasaba por las manos y que sería posible que me comunicara con otras personas a través de estos signos. ¡Fue un día maravilloso que jamás olvidaré! [...] Creo que fue una experiencia de alguna manera similar a una revelación [...] Deseaba aprender el nombre de cada objeto que tocaba y antes de la noche ya dominaba treinta palabras [...] Aquella primera revelación compensó todos esos años que pasé en mi prisión de silencio y oscuridad. La palabra «agua» penetró en mi mente como el sol en un mundo helado por el invierno. Antes de ese supremo hecho nada había en mí excepto el instinto de comer, beber y dormir. Mis días estaban en blanco sin pasado, presente ni futuro, sin esperanza ni expectativa, sin interés ni gozo[14].

Helen Keller

Demasiado a menudo nos sentimos inspirados y elevados a un plano superior de la vida solo para darle la espalda y no hacer nada al respecto. Comenzamos diciendo: «Voy a _____», pero enseguida olvidamos lo que vamos a hacer.

El amor mostrado por la maestra Anne Mansfield Sullivan a su alumna Helen Keller es un notable ejemplo de una persona que tuvo una idea, quiso ser compasiva y siguió adelante con esa idea al entregar su vida adulta para enseñarle a la que parecía ser una jovencita común y corriente llamada Helen. No todos tenemos el llamado a dedicarnos a una persona, pero a muchos nos han llamado a dar un paso más allá del camino común y corriente de la vida a fin de influir en alguien y su eternidad.

Cuando revisamos la historia, nos enfrentamos con extraordinarios hombres y mujeres que influyeron en los acontecimientos de la historia. ¿Qué poseían? Cada uno tenía una visión y, una vez que los retaron, siguieron con su llamado hasta el final. No dijeron: «Te amo», para después abandonar esa pasión. Todos recorrieron la otra milla de la verdadera dedicación.

En algún momento de nuestra vida nos han desafiado a hacer algo grande; quizá en un retiro, un poderoso sermón de tu pastor, un programa de televisión, un maestro de la Escuela Dominica, un maestro de la escuela o un entrenador. Este impacto fue determinante en verdad en tu vida, pero quizá no seguiste adelante con el compromiso y ahora llegó el momento de actuar.

En el pasaje de hoy, Santiago nos dice que no seamos simples oidores de la Palabra, sino que hagamos lo que dice. Esto no solo sucede cuando uno lee la Escritura, sino también cuando el Espíritu Santo revela la verdad a nuestro corazón. Varios versículos de la Biblia pueden ayudarte a poner tus deseos en acción:

- Nunca dejen de ser diligentes; antes bien, sirvan al Señor con el fervor que da el Espíritu (Romanos 12:11).
- El que trabaja la tierra tendrá abundante comida; el que sueña despierto solo abundará en pobreza (Proverbios 28:19).
- El perezoso ambiciona, y nada consigue; el diligente ve cumplidos sus deseos (Proverbios 13:4).

Acepta el reto hoy de desarrollar tu amor mediante tu cuidado por los que te rodean. Que no te conozcan como un simple oidor de la Palabra, sino como un hacedor. Hace falta esfuerzo y sacrificio, y no siempre se hace lo que se quiere hacer. Requiere tiempo y dinero, y algunas veces sentirse desalentado al esperar demasiado.

Sin embargo, ¡no sería maravilloso si todos tus cuidados produjeran otra Hellen Keller!

Oración

Padre Dios, tú sabes que queremos ser amorosos y compasivos de verdad. En realidad, anhelamos seguir adelante con todos esos buenos deseos que tenemos en la vida. Danos todos los recursos que necesitamos para amar de verdad con compasión. Pon en nuestros corazones la esfera de nuestros deseos que redundará en el mejor fruto. Permítenos ser diligentes en nuestros esfuerzos a fin de llevar a cabo el desafío con ACCIÓN. Amén.

Tomen medidas

- Como matrimonio, escriban en sus diarios tres deseos que tengan de servir a los demás.
- Discutan cómo pueden implementar estas metas.
- ¿Qué acción hará falta para empezar?

    ¿Dinero?
    ¿Recursos?
    ¿Otras personas?

- ¿Cuál será el primer paso? Estén dispuestos a comenzar ahora.

Lectura adicional

1 Corintios 13:1-13   Romanos 12:3-8
Efesios 4:1-16   Proverbios 24:30-34

Decide amar

No es algo sencillo decirle «¡Sí!» a Dios porque hacer que nuestras vidas sean vidas de amor no es algo sencillo ni simple. Elegir el amor como un principio de vida significa que mi pregunta inicial o razonamiento básico debiera ser: ¿Cómo muestro el amor en lo que soy, hago o digo? Mi respuesta constante a cada hecho de la vida, a cada persona que tiene contacto conmigo, a cada exigencia de tiempo, nervios y corazón, debe de alguna manera transformarse en un acto de amor. Sin embargo, en el análisis final, este «¡Sí!» es el que me da acceso a Dios. La elección del amor como un principio vital amplía el cáliz de mi alma, a fin de que Dios pueda derramar en mí sus dones, sus gracias y sus poderes.

John Powell

Los cristianos saludables hablan de su fe

Lectura bíblica: Lucas 5:27-32

Versículos clave: Lucas 5:31-32

> *Los sanos no tienen necesidad de médico, sino los que están enfermos. No he venido a llamar a justos, sino a pecadores al arrepentimiento* (LBLA).

Esta historia de Jesús que les anuncia las buenas nuevas a los despreciados recaudadores de impuestos era inquietante para los líderes religiosos de la época, pero no hay dudas de que señaló que su prioridad era estar con los pecadores y entre ellos.

A fin de que testifiquemos de nuestra fe a otros, nuestra fe debe tener primero un objeto, y ese objeto es la persona de Jesucristo. A menudo decimos que no tenemos tiempo, el don, ni la personalidad para hablar del evangelio. Uno de nuestros versículos favoritos en este sentido es 2 Timoteo 1:7-8: «Dios no nos ha dado un espíritu de timidez, sino de poder, de amor y de dominio propio. Así que no te avergüences de dar testimonio de nuestro Señor».

A medida que ejercitamos esta parte de nuestra fe, le pedimos a Dios por un espíritu de poder y amor por esos que se dejan llevar por la vida sin propósito ni causa.

Cuando comenzamos a hablar del evangelio, podemos decir lo que Cristo ha hecho por nosotros. Podemos decirle a las personas que Él nos ha cambiado de pecadores a pecadores perdonados, y que Él ha reordenado las prioridades en nuestra vida. Hemos tenido un trasplante de corazón y llegamos a ser una nueva criatura en Cristo. Lo que nos tenía prisioneros nos ha liberado para ser todo lo que Dios desea que seamos. Si podemos hablar con nuestros amigos de deportes, de política, de películas, del tiempo, de las vacaciones y de nuestros restaurantes preferidos, ¡de seguro podemos testificar de lo que Jesús ha hecho por nosotros!

Nuestro pasaje de hoy nos recuerda también que testificar de nuestra fe significa que tenemos que enfrentarnos con la oposición tanto de las comunidades cristianas como las no cristianas. Los líderes religiosos de la época les preguntaron a los discípulos por qué Jesús comía y bebía con recaudadores de impuestos y pecadores. Tú también encontrarás personas que quieren que te mantengas fiel a tu metodología o contenido de lo que transmites. Con este mundo que cada vez va es peor, habrá personas bienintencionadas que atacarán tu bondad. A veces las personas preferirían permanecer en la oscuridad que quedar expuestos por la luz de las buenas nuevas.

Cuando testificamos de nuestra fe, algunas veces nos encontraremos con personas que jamás han escuchado hablar de esta Persona llamada Jesús. Descubriremos que muchos a nuestro alrededor están perdidos, y que si murieran en su actual estado, los condenarían a una vida eterna separada de Dios. En 1 Juan 5:13 el escritor nos dice el porqué de todo lo que ha escrito acerca de Jesús: «Les escribo estas cosas a ustedes que creen en el nombre del Hijo de Dios, para que sepan que tienen vida eterna».

Testificamos de nuestra fe a fin de que la gente escuche acerca del Hijo de Dios y encuentre vida eterna. El mensaje y el propósito han sido los mismos por casi dos mil años.

Un cristiano saludable es uno que habla de su fe. La manera en que lo hagas dependerá con exactitud de tu estilo y capacidades. Tal y como Jesús les respondió a los líderes religiosos de su época: «Los sanos no tienen necesidad de médico, sino los que están enfermos. No he venido a llamar a justos, sino a pecadores al

arrepentimiento». Alcanza a los perdidos. Abandona tu como-
didad y acepta el desafío de nuevas caras y nuevos lugares.

Oración

*Padre Dios, por favor, muéstranos como matrimonio la
manera en que podemos hablarles de nuestra fe a esos que
nos rodean. A veces sentimos mucha timidez. Danos el
poder del Espíritu Santo y tu eterno amor por los perdidos.
Nos damos cuenta que algunos no nos comprenderán a
nosotros ni lo que hacemos, pero dales un espíritu de aliento
y no semillas de crítica. Por favor, pon a nuestra disposición a los que tienen espíritus enseñables. Amén.*

Tomen medidas

- Anoten en sus diarios los nombres de tres a cinco personas
  o matrimonios a los que les gustaría hablarles de las buenas nuevas.
- Consideren invitar a cada una de esas personas a su hogar
  durante los seis meses siguientes a fin de que cenen con
  ustedes.
- Si se les presenta la oportunidad, hablen de lo que significa para ustedes ser cristianos y cómo eso ha cambiado sus
  vidas.
- Muestren a Cristo a través de un estilo de vida de evange-
  lismo. Permitan que la gente los vea en situaciones de la vida
  real. Que los vean como personas comunes y corrientes
  que enfrentan sus mismos problemas, pero que encontraron las respuestas de la vida por medio de Jesucristo.

Lectura adicional

Hechos 13:38	1 Juan 3:5
1 Juan 2:1-2	1 Timoteo 1:15

Den con una promesa de fe

Lectura bíblica: Deuteronomio 8:1-20

Versículos clave: Deuteronomio 8:17-18

> *No se te ocurra pensar: «Esta riqueza es fruto de mi poder y de la fuerza de mis manos». Recuerda al SEÑOR tu Dios, porque es él quien te da el poder para producir esa riqueza.*

Una vez, un niño cristiano decidió dar el diezmo de su dinero a Dios. Sin embargo, cuando ganó un premio en dinero por un ensayo sobre un tema religioso, pensó que no podía dar menos de la quinta parte de su premio a la iglesia. Desde entonces, no pudo negarse el placer de seguir dando la quinta parte.

Dios bendijo de manera asombrosa a este joven, e incrementó sus fondos monetarios y su deleite al hacer bien con su dinero. Cuenta la leyenda que este joven llegó a ser el gran predicador C.H. Spurgeon.

¿Has experimentado el gozo de dar a Dios? Las Escrituras están llenas de enseñanzas relacionadas con el dinero y con dar.

- Nadie puede servir a dos señores (Mateo 6:24).
- Cuando quieres construir una torre, te sientas y calculas el costo (Lucas 14:28-30).
- El hombre fiel estará lleno de bendiciones (Proverbios 28:20).

- No le debas nada a nadie (Romanos 13:8).
- Donde esté tu tesoro, allí estará también tu corazón (Mateo 6:21).
- Los ricos son los amos de los pobres; los deudores son esclavos de sus acreedores (Proverbios 22:7).

Jamás olvidaré la manera en que Dios me enseñó a dar. Era pastor de una gran iglesia en la ciudad de Toronto. Un día renuncié y el primer domingo de enero me convertí en el pastor de una iglesia que sabía cómo dar de una manera desconocida para mí. Comencé a pastorear en una época en que la iglesia celebraba su convención misionera anual.

Ahora bien, no sabía nada acerca de una convención misionera. Ni tenía idea qué había que hacer primero. Entonces me senté en la plataforma a observar.

Los ujieres recorrían los pasillos repartiendo sobres. Para mi sorpresa, uno tuvo la audacia de darme un sobre a mí, ¡el pastor! Todavía recuerdo ese momento como si fuera hoy.

Con el sobre en la mano leí: «En dependencia de Dios me esforzaré a dar $ _____ para la obra misionera de la iglesia durante el próximo año». No sabía que Dios iba a lidiar conmigo esa mañana, ni que me enseñaría una lección que jamás olvidaría... una lección que más tarde enseñaría a cientos.

Comencé a orar y dije:

—Señor y Dios, no puedo hacer nada. Tú sabes que no tengo nada. No tengo ni un centavo en el banco. No tengo nada en mi bolsillo. Esta iglesia me paga solo veinticinco dólares a la semana. Tengo esposa e hijo. Estamos tratando de comprar nuestra casa; los precios están por los cielos.

—Ya lo sé —pareció responderme el Señor—. Sé que te pagan veinticinco dólares a la semana. Sé que no tienes nada en el bolsillo, ni tampoco en el banco.

—Muy bien —dije aliviado—. Así que está claro que no tengo nada para dar, ni puedo dar nada.

Entonces el Señor habló a mi corazón. Jamás lo olvidaré.

—No te estoy pidiendo lo que tienes —me dijo.

—¿Que no me pides lo que tengo, Señor? —respondí—. Entonces, ¿qué me pides?

—Te estoy pidiendo una ofrenda de fe. ¿Cuánto puedes confiar en mí?

—Ah, Señor —exclamé—. Eso es distinto. ¿Cuánto puedo confiar en ti?

Por supuesto, no sabía nada acerca de una ofrenda de fe; pero sabía que el Señor me hablaba. Pensé que diría cinco dólares o quizá hasta diez. Apenas temblaba mientras esperaba la respuesta. Entonces llegó. Claro que Dios no me habló con una voz audible, pero fue como si lo hiciera.

—¿Cuánto puedo dar? —pregunté.

»¡Cincuenta dólares! —exclamé—. ¡Vaya, Señor, ese es el salario de dos semanas!

Sin embargo, el Señor habló de nuevo y era la misma cantidad. Fue tan claro como si me hubiera hablado en voz alta.

Mi mano temblaba mientras ponía mi firma y escribía la cantidad: $50.00.

Hasta hoy, no sé cómo pagué esa cantidad. Todo lo que sé es que cada mes debía orar por cuatro dólares. Y cada mes Dios los proveía. Al final del año había pagado los cincuenta dólares. Cuando pagué la última cantidad, ¡me di cuenta de que había recibido la mayor bendición de mi vida!

Confié en Dios por cierta cantidad y Él la enfrentó. Fue tan grande la bendición espiritual que al año siguiente, en la convención, dupliqué la cantidad y di cien dólares. Luego, en otra convención, dupliqué una vez más la cifra y puse doscientos dólares. Aun así, en otra convención dupliqué una vez más y di cuatrocientos dólares. Entonces más tarde dupliqué de nuevo la cantidad y la convertí en ochocientos dólares. Desde ese día hasta hoy he estado incrementando la cantidad y enviándola al Banco del Cielo año tras año. Si hubiera esperado a poseerla, nunca la habría dado porque jamás la habría recibido. Di una ofrenda de fe y Dios la honró.

Esa fue la primera vez, digamos, que di lo que se llama una ofrenda de fe. El apóstol Pablo con frecuencia usó de las «ofrendas de promesa de fe». Le pedía a la iglesia que prometiera cierta cantidad y les daba un año para pagarla. Cuando el año se acercaba a su final, enviaba a alguien que le recordara a la iglesia su promesa de fe antes de su llegada (véase 2 Corintios 9). Una ofrenda de promesa de fe es una ofrenda bíblica, es una ofrenda paulina y Dios la bendice.

¿Solo has dado ofrendas en efectivo? Hace falta poca fe para dar ofrendas en efectivo. Si tengo un dólar en mi bolsillo, lo único que tengo que hacer es tomarlo y ponerlo en el plato. No necesito preguntarle a Dios acerca de eso. No tengo que confiar en Él por ninguna cantidad concreta. Solo lo tengo y lo doy.

Sin embargo, es distinto por completo con una ofrenda de promesa de fe. Tengo que orar y pedirle a Dios cuánto quiere que dé y luego debo confiar en que Él me lo dará. Un mes tras otro debo acudir a Él en oración y pedirle la cantidad prometida. Debo esperar en Él hasta que me la dé. ¡Qué bendición trae tal dependencia!

Por más de un cuarto de siglo hasta hoy, esa es la clase de ofrenda que he reservado para las misiones. En nuestra convención anual misionera nunca obtenemos más de seis o siete mil dólares en efectivo, ¡pero conseguimos un cuarto de millón o más en promesas de fe! Y siempre lo recibimos. ¡Incluso más de la cantidad prometida!

No me refiero a las promesas. Eso es algo entre tú y tu iglesia, entre tú y una sociedad misionera. Quizá algún día los diáconos la recojan o tal vez recibas una carta para recordártelo. Tú puedes asumir la responsabilidad por una ofrenda de promesa.

Una ofrenda de promesa de fe es entre tú y Dios. Nadie te llamará para recogerla. Nadie te enviará una carta recordatoria.

Si no puedes pagarla, solo tienes que decírselo a Dios. Dale tus motivos. Si Él los acepta, eres libre.

Esto, mi amigo, es la mayor inversión que puedes hacer. Estarás en los negocios de Dios. Obtendrás dinero para Él. Usa lo que necesites para vivir y da tanto como puedas para la obra de evangelización. Pon tu dinero donde producirá el máximo para Dios. Ponlo en la extensión del evangelio. Ponlo en las almas de las personas. Úsalo para los que jamás han escuchado el mensaje.

Quizá Dios quiere que sostengas a un misionero o a una organización cristiana y luego a otra y otra. Hazle una ofrenda de promesa de fe y luego confía en que Él te ayudará a conseguirla. Serán tuyas las bendiciones inmensurables[15].

Oración

Padre Dios, te damos gracias hoy por recordarnos que estamos en el ministerio para evangelizar al mundo a través de la extensión del evangelio. Te damos gracias por darnos la experiencia de este pastor sobre la promesa de fe. Esto cae de seguro bajo la gracia y no bajo la ley. Como matrimonio, permítenos ampliar nuestros horizontes en nuestro andar cristiano y comenzar a experimentar en mayor medida lo que es invertir en tu obra. Amén.

Tomen medidas

- Como matrimonio, discutan cómo pueden comenzar a implementar el dar a la obra de Dios mediante una promesa de fe.
- ¿Qué partes del presupuesto necesitarán contemplar? ¿Qué gastos van a recortar?
- Como pareja y familia, comprométanse a dar con regularidad a las siguientes organizaciones: _____, _____ y _____. Si necesitan ayuda para identificar organizaciones meritorias, consulten con su pastor a fin de revisar tales oportunidades.

Lectura adicional

Proverbios 23:4-5	1 Timoteo 6:17-19
Eclesiastés 4:6	Proverbios 22:22

No te alejes de nadie diciendo que no tienes nada que dar ni prestar, sí lo tienes. Si eres de Cristo, tienes algo para contribuir a la necesidad de ese hombre.

E. Stanley Jones

El arte de la buena enseñanza

Lectura bíblica: Deuteronomio 6:1-9

Versículos clave: Deuteronomio 6:6-7

> *Grábate en el corazón estas palabras que hoy te mando. Incúlcaselas continuamente a tus hijos. Háblales de ellas cuando estés en tu casa y cuando vayas por el camino, cuando te acuestes y cuando te levantes.*

Nuestra meta como padres es hacer florecer lo mejor en nuestros hijos. Existen muchas técnicas excelentes que nos dicen cómo ser buenos padres. Algunas son valiosas y otras serán de corta duración porque no tienen un valor tras ellas (tus valores). A fin de que las técnicas resulten, deben ser parte de tu sistema de creencias. El comercio y la educación analizan sin cesar nuevos campos de investigación para descubrir cómo conseguir buenos gerentes y maestros. La tendencia en común para el éxito de ambas esferas es tener una genuina actitud de interés por las personas que tienen a su cargo.

Lo mismo sucede en los padres. Para ser eficiente, uno debe mostrarles a los hijos que en realidad nos preocupamos por ellos, no solo con palabras, sino también con la acción. A través de su música, sus amigos, ropas y calificaciones nos preguntan a cada momento: «¿Me amas en verdad?».

Como padres, queremos saber la forma de llevar a cabo este cuidado genuino. He aquí diez cualidades que dan muestras de ser un buen padre:

- *Escucha de verdad.* Esto significa apagar la radio o el televisor y dejar a un lado el periódico o la revista a fin de que pongas toda tu atención a la conversación. Hay que avisarles a los demás de la familia que no deben interrumpir a menos que sea para una emergencia. Haz como el padre que dijo: «Te escucho no solo con los oídos, sino con mis ojos y mis entrañas. No quiero perderme nada, ya sea verbal o no verbal».

- *Interésate en tus hijos como personas.* Interésate en ellos como personas y no solo como hijos. Pregúntales: ¿Cómo te fue en la escuela? ¿Cómo está Mary? ¿Cómo anda el fútbol? ¿Y la iglesia? ¿Cómo estás de tu dolor de estómago? Preocúpate por ellos.

- *Sé claro con tus expectativas.* Diles a tus hijos qué esperas y luego dales libertad para hacerlo. Cada hijo quizá haga las cosas de manera diferente, basado en su temperamento. Algunos niños hacen las cosas con más o menos habilidad.

- *Tienes que estar dispuesto a transmitir con empeño tus conocimientos a tus hijos.* Dedica tiempo a explicar, demostrar y responder sus preguntas aunque te parezcan simples. Dales tiempo al caminar, al acostarte y al levantarte.

- *Refuerza las conductas positivas y desalienta los actos inaceptables.* Elogia el buen trabajo al decirles a tus hijos de manera específica por qué lo alabas. De esta manera es más probable que obtengas la repetición del comportamiento. Por otra parte, siendo específicos en lo que necesita mejorar, enseñas a tus hijos a desempeñarse a un nivel superior al que lo harían por lo común.

- *Confía en que tus hijos cumplirán sus promesas.* Enséñales cómo mantener su palabra. Uno de nuestros lemas favoritos es: «Haz lo que dices que harás». Somos de palabra al cumplir con nuestras citas, devolver la llamada cuando decimos que lo haremos y entregar nuestros deberes escolares con puntualidad. Permite que tus hijos sean los que establezcan los detalles.

- *Sé flexible y mantente receptivo a las buenas ideas.* Reconoce tus errores y disponte a cambiar de opinión cuando las evidencias indican que te equivocaste. No creas que tienes todas las respuestas. Permite que las respuestas a las preguntas provengan de todos en la familia.

- *Ten buen sentido del humor.* El humor y el entusiasmo son contagiosos y crean una atmósfera amistosa y productiva. Aprende a reírte de ti mismo. Es mucho más divertido estar en una familia en la que ríen unos con otros y no unos de otros.

- *Desafía y fija normas que eleven dichas normas.* Procura la excelencia, no la perfección. Eleva a cada uno en la familia a conseguir una marca superior de la que pueden hacerlo por su cuenta.

- *Mantén el control de la unidad familiar.* Aun si las cosas se desvían, la familia permanecerá fiel y apoyará el liderazgo si el líder tiene el control. Eso se refiere al lenguaje, los movimientos del cuerpo, las actitudes, el temperamento y el equilibrio. Como padres, debemos mostrar la norma más alta. No podemos pedirle a nuestros hijos que superen una norma de la que nosotros no damos muestra. ¿Se interesa tu familia por los demás?

Oración

Padre Dios, reconocemos que no siempre somos constantes en nuestra actitud de cuidado hacia nuestra familia. Gracias por darnos varias esferas que hacen familias saludables. Por supuesto que deseamos una familia que refleje una actitud de atención y cuidado no solo en la unidad familiar, sino también con los que conocemos. Gracias por cuidar de nosotros. No estaríamos donde estamos si no fuera por tus cuidados. Amén.

Tomen medidas

- Identifica con tu cónyuge las tres fortalezas principales que manifiesta tu familia en las diez esferas mencionadas.
- Identifica dos o más esferas en las que necesitan mejorar. ¿Qué harán para fortalecer esas esferas?
- Corran el riesgo de comentar estas esferas con tus hijos. Pídanles que mencionen las esferas que podrían mejorar.
- Escriban una nota de aliento para cada uno de sus hijos y pónganlas debajo de su almohada para que la encuentre y la lea esta noche al irse a dormir.

Lectura adicional

Isaías 54:13

Salmos 127:3-5

Marcos 10:14-16

Proverbios 17:6

¿Qué compone un hogar?

Lectura bíblica: Salmo 127:1-5

Versículo clave: Salmo 127:1

> Si el SEÑOR no edifica la casa, en vano se esfuerzan los albañiles.

Como padres, a veces nos preguntamos si en verdad tenemos un hogar o solo un lugar para comer, lavar la ropa, pasar el tiempo y dormir. ¿Es un lugar para hacer reparaciones, cortar el césped, pagar la hipoteca, pintar, empapelar, colocar una nueva alfombra y obtener dinero? Un verdadero hogar es mucho más que todo eso; es un sitio en el que las personas viven, crecen, mueren, ríen, lloran, aprenden y crean cosas juntos.

Un pequeño dijo después de observar cómo se incendiaba su casa: «Todavía tenemos un hogar. Solo que no tenemos una casa para ponerlo». ¡Qué perceptivo!

Nuestro hogar debiera ser un centro especial para toda la familia. No debemos ser perfectos, solo perdonados. Podemos crecer, podemos cometer errores, podemos reír, llorar, estar de acuerdo o no estarlo. El hogar debe ser un lugar en el que sucedan experiencias felices, un lugar de refugio de los problemas del mundo y un lugar de amor, aceptación y seguridad. Cuando leemos el periódico de la mañana, nos enfrentamos con todas las tragedias que nos rodean y nos damos cuenta de que el mundo fuera de nuestra puerta se cae en pedazos, pero dentro de nuestras cuatro paredes podemos ofrecer un lugar llamado hogar.

¿Qué podemos hacer para tener un hogar como deseaba Dios? Como todo en la vida, cuando algo se rompe, regresamos al libro de instrucciones. En este caso es la Biblia. El hogar es la idea de Dios; no es algo que inventaran los estadounidenses en el siglo veinte. En el plan original de la creación de Dios, Él diseñó el hogar para que fuera la base de la sociedad, un sitio para suplir las necesidades mentales, espirituales, físicas y emocionales de las personas.

Las Escrituras declaran que la familia es una relación permanente que no debe dividirse. Dios instituyó el matrimonio para cumplir sus planes en nuestra sociedad. En el matrimonio, un hombre y una mujer llegan a ser «uno» (Génesis 2:24), estableciendo una relación permanente. No es una conveniencia temporal que se mantiene mientras sea divertido y se sientan bien. Dios diseñó a la familia como una relación permanente en la que con su cuidado los seres humanos fueran capaces de enfrentar juntos las tormentas de la vida. El hogar es el refugio amoroso de Dios para crecer hacia la madurez.

Aun cuando Dios diseñó el matrimonio, la familia y el hogar para que fuera una relación permanente, no es algo automático. Todos en la familia deben trabajar juntos en el logro de un verdadero hogar. Como padres, tenemos la responsabilidad de señalarles el camino a nuestros hijos, y mostrárselo.

Para amar y vivir con tu cónyuge y tus hijos hace falta determinación y práctica, además de tiempo, imaginación, sacrificio, planificación y mucho más. Hace falta algo más que solo amor y determinación. En nuestro versículo clave de hoy leemos: «Si el SEÑOR no edifica la casa, en vano se esfuerzan los albañiles». Dios no solo es el diseñador, sino que también desea ocupar la dirección de la vida familiar. Quiere guiarnos y darnos amor, paz y perdón en abundancia.

Salomón se refirió a este asunto en Proverbios 24:3-4: «Con sabiduría se construye la casa; con inteligencia se echan los cimientos. Con buen juicio se llenan sus cuartos de bellos y extraordinarios tesoros». Los tres grandes elementos de Salomón en la construcción del hogar son:

- Sabiduría
- Inteligencia
- Buen juicio

Tenemos una tarea que hacer si deseamos un verdadero hogar. No podemos hacer un buen trabajo a menos que nos remanguemos y pongamos manos a la obra. No hay demasiado tiempo para ser indiferentes y estar sin dirección. Debemos vivir con un gran propósito, de modo que no tengamos solo una casa, sino un hogar.

A fin de llevar a cabo esta tarea que parece imposible, debemos someter nuestro corazón, alma y vida al Hijo de Dios, Jesucristo. El futuro de tu familia y tu destino eterno dependen de tu relación con Dios. Si no has aceptado a Jesús como tu Salvador personal (no como pareja, sino en forma individual), hazlo en este día. Conviértelo en el centro de tu vida y de tu hogar.

Lee la Biblia cada día para obtener dirección para tu vida y familia. Pídele a Dios que te ayude a cumplir con tu responsabilidad familiar, comprendiendo que Él desea ayudar de manera que tu familia sea un testimonio para el mundo. Si no lo están haciendo, busquen una iglesia bíblica. Todos necesitamos el aliento y la comunión de otros cristianos, así como la instrucción de la Palabra de Dios.

Con Cristo como Señor de tu familia puedes tener un hogar feliz. Si te entregas a Él cada día, tu hogar puede ser más que un «lugar»; puede ser una verdadera familia que vive, crece y aprende junta de Dios[16].

Oración

Padre Dios, tú sabes que deseamos que nuestro hogar sea más que un simple lugar. Deseamos ser un hogar donde tú tengas el trono. Queremos entregarte el liderazgo. Danos sabiduría, inteligencia y buen juicio para llevar a buen término esta tarea en apariencia imposible de crear un hogar. Gracias por darnos tu Manual de Instrucciones. Permite que lo leamos todos los días a fin de obtener tu perspectiva. En lo personal, nos sentimos muy incompetentes, pero lo lograremos con tu poder. Gracias por tu ayuda. Amén.

Tomen medidas

- Establece el señorío de tu hogar hoy mismo. Si no eres un «hijo de Dios», en este momento acepta al Señor Jesucristo en tu corazón.
- Ora por tu hogar y por cada uno de sus miembros.
- ¿Qué harás para convertir tu casa en un hogar? Pídele a tu cónyuge que te ayude a comprometerte con estos objetivos.
- Comienza hoy mismo.

Lectura adicional

Romanos 3:23   Romanos 6:23
1 Pedro 3:18   Efesios 5:15—6:4

*H*oy es especial

Lectura bíblica: Salmo 89:15-18

Versículo clave: Salmo 89:15

> *Dichosos los que saben aclamarte, SEÑOR, y caminan a la luz de tu presencia.*

*H*oy no es un día común y corriente. No es un día como cualquier otro que hemos vivido jamás. «Este es el día que el SEÑOR ha hecho; regocijémonos y alegrémonos en él» (Salmo 118:24, LBLA). No importa si llueve, nieva, si hay viento o hace un calor espantoso, necesitamos regocijarnos y alegrarnos en este día. Hagamos algo especial: Prepara una nueva comida o cose una ropa, camina por el parque, vuela una cometa con tus hijos, pinta el baño, limpia un armario.

Hoy no es un día común y corriente. Dios ha abierto hoy nuevas oportunidades, el pasado es historia y el futuro no llegará hasta mañana. Hoy es todo lo que podemos vivir. Por lo tanto, celebremos. Leamos una poesía o escribamos unos versos, compongamos una canción o entonemos un cántico de alabanza. Dios se deleita en derramar sobre nosotros su misma bendición especial. «Toda buena dádiva y todo don perfecto descienden de lo alto, donde está el Padre que creó las lumbreras celestes, y que no cambia como los astros ni se mueve como las sombras» (Santiago 1:17).

Hoy es un día especial porque nos damos cuenta que Dios nos ofrece con libertad sus mejores dones para disfrutarlos. En Juan 10:10 Jesús declara: «Yo he venido para que tengan vida, y la tengan en abundancia». Él desea que tengamos una vida plena y abundante. Ha extendido un banquete para nosotros.

Como este es un día especial, démosle gracias a Dios por este regalo de la vida. Alabémoslo por quien es Él. Confiemos en Él por los días que vendrán. Esta vida abundante llena el vacío de Dios que existe en nuestra vida y también nos provee del poder para vencer los problemas de la vida. ¡Así que sal en fe y entrégale a Jesús todas tus preocupaciones!

Oración

Padre Dios, permítenos regocijarnos en este día que nos diste. Deseamos contar nuestras bendiciones. Permite que veamos el día de hoy como un regalo tuyo. Deseamos ser buenos administradores de tu tiempo. No importa lo que nos suceda en este día, sabemos que tú lo seleccionaste a fin de que seamos capaces de enfrentarlo. Queremos regocijarnos y alegrarnos en este día. Amén.

Tomen medidas

- Anota en tu diario cinco cosas que sean una bendición para ti.
- Haz algo especial hoy. ¿Qué podría ser?
- Dale algo especial a una persona especial en tu vida: una tarjeta, un regalo, una llamada, un fax, etc.
- Dile a cada miembro de tu familia por qué es especial para ti.
- A la hora de la cena, analicen esta pregunta: «¿Por qué hoy fue tan especial?».

Lectura adicional

Isaías 55:12   Salmo 126:5-6
Salmo 4:7   1 Pedro 1:8

Cuando al despertarnos por la mañana perdemos esa sensación de que cada día estará lleno de aventura, de gozo y de peligros, y nos levantamos en cambio con el reloj despertador (como lo hacemos la mayoría; ¡y qué maravillosas esas raras noches en que miramos el reloj y no tenemos que poner la alarma!), el trabajo pesado diario y murmurar acerca de «Gracias a Dios que es viernes», nos perdemos la recién nacida característica de creer, que es tan encantadora en los niños.

Madeleine L'Engle

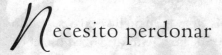

Necesito perdonar

Lectura bíblica: Mateo 6:12-15
Versículo clave: Mateo 6:12

> *Perdónanos nuestras deudas, como también nosotros hemos perdonado a nuestros deudores.*

En nuestro corazón a veces albergamos falta de perdón hacia Dios, hacia nosotros mismos, hacia alguno de la familia, un vecino o un compañero de trabajo. Cuando no perdonamos, nos volvemos cautivos de ese acto y esto nos mantiene prisioneros hasta que perdonamos. Así que necesitamos borrar esa pizarra de la falta de perdón, a fin de liberarnos y seguir adelante.

El perdón es muy costoso; puede ser doloroso cuando procuramos perdonar. Sin embargo, Jesús perdonó cuando estaba en la cruz y nosotros tenemos que hacer lo mismo. El verdadero perdón de nosotros hacia los demás no es posible a menos que experimentemos el perdón de Dios hacia nosotros. No podemos dar lo que no hemos experimentado.

Primero tenemos que permitirle a Dios que nos perdone antes de que podamos perdonar a otros. A partir de nuestra gratitud por el perdón de Dios somos capaces de comprender toda esta cuestión del perdón. Cuando estamos a bien con Dios, deseamos estar a bien con los demás. La única persona esclavizada en la falta de perdón somos nosotros mismos. Cuando consideramos esta esfera del perdón, pensamos en tres grupos de personas:

- Los que necesitan nuestro perdón.
- Los que necesitamos que nos perdonen.
- Los que necesitan nuestra ayuda para perdonar a otros.

Es probable que la lista más larga se encuentre en el segundo grupo. Como en el pasaje bíblico de hoy, Jesús dice que nos deben perdonar nuestros pecados así como perdonamos a los que pecan contra nosotros. No nos pueden perdonar a menos que perdonemos. El perdón sin confesar obstruye nuestras arterias espirituales. Jamás tendremos buena irrigación hasta que nos ocupemos de esas obstrucciones. Dios desea llegar a nuestro corazón, pero no podemos recibir sus bendiciones y su abundancia porque tenemos que limpiar este asunto llamado perdón.

Uno de los principios bíblicos de Dios es que las personas que no perdonan no pueden recibir perdón. Jesús no dijo que no sería doloroso, pues lo es muchas veces. No obstante, para renovarnos en nuestro andar cristiano debemos limpiar la pizarra de todas las calificaciones que hemos anotado contra otros. Entonces, Dios puede fluir con libertad en nuestra vida. Primera de Juan 1:9 dice: «Si confesamos nuestros pecados, Dios, que es fiel y justo, nos los perdonará y nos limpiará de toda maldad».

En este día
Soluciona una pelea
Busca a un amigo olvidado
Abandona una sospecha y pon confianza
Escribe una carta a alguien que te extraña
Anima a un joven que haya perdido su fe
Mantén una promesa
Olvida un viejo rencor
Analiza tus exigencias a otros y promete reducirlas.
Lucha por un principio
Expresa tu gratitud
Supera un antiguo miedo
Dedica dos minutos a apreciar la belleza de la naturaleza

Dile a alguien que lo amas
Díselo una vez más, una vez más y una vez más[17].

Frank R. Zelarney

Oración

Padre Dios, permítenos llegar a perdonar hoy. Este será el día del perdón. Ya conocemos varias personas con las que vamos a hacer las paces. Cuando el sol se ponga hoy, queremos estar sanos de todo lo que hace que seamos cristianos ineficientes. ¿Podrías, por favor, ir delante de nosotros y ablandar los corazones preparándolos para perdonar o ser perdonados? No queremos crear divisiones, sino ser sanadores y mediadores con los que vivimos. Gracias por las provisiones del perdón. Amén.

Tomen medidas

- Vuelvan a leer el poema «En este día».
- Escojan dos o tres instrucciones y aplíquenlas a su vida hoy.
- Hagan de este día el «Día del perdón».
- Hagan esa primera llamada telefónica (o visita en persona, si es posible).

Lectura adicional

Mateo 5:44-45
Marcos 11:25

Romanos 12:20
Lucas 6:35-38

Los hijos son herencia del Señor

Lectura bíblica: Salmo 127:1-5

Versículos claves: Salmo 127:3-5

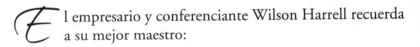

Los hijos son una herencia del SEÑOR, los frutos del vientre son una recompensa. Como flechas en las manos del guerrero son los hijos de la juventud. Dichosos los que llenan su aljaba con esta clase de flechas. No serán avergonzados por sus enemigos cuando litiguen con ellos en los tribunales.

E l empresario y conferenciante Wilson Harrell recuerda a su mejor maestro:

Cuando tenía once años de edad, mi padre me convirtió en comprador de algodón en su desmotadora. Ahora bien, *sabía* del algodón, pero era bien consciente de que mi padre le confiaba a un niño de solo once años una responsabilidad inmensa.

Cuando cortaba un fardo, sacaba un rollo, lo analizaba, identificaba el grado y establecía el precio. Jamás olvidaré al primer agricultor que tuve frente a mí. Me miró, llamó a mi padre y dijo: «Elías, trabajé muy duro para que un niño de once años decida con cuánto viviré el próximo año».

Mi padre era un hombre de pocas palabras. «Su calificación es lo que vale», respondía y se marchaba. A través de los años, mi padre jamás cambió mi calificación en público.

Sin embargo, cuando estábamos solos, controlaba mi trabajo. Si había calificado por debajo (y pagado demasiado poco), debía ir y decirle al agricultor que había cometido un error y pagarle la diferencia. Si había calificado por encima, mi padre no me diría una sola palabra, solo me miraba. Eso era peor a que me abucheara todo el mundo.

No estoy seguro de que mi padre supiera algo sobre iniciativas empresariales, pero sí sabía y muchísimo acerca de cómo hacer de un niño un hombre. Me daba responsabilidades y después me respaldaba. También me enseñó que la justicia construye un negocio y que la disposición a reconocer los errores es una manera segura de que vuelvan los clientes[18].

A nosotros como padres nos alientan a criar nuestros hijos dentro de los límites de la disciplina de Dios y el conocimiento y la aceptación de su Hijo, Jesús. Con eso, dice la Escritura, tendrán paz. Al observar a diversos niños en la escuela, en los centros comerciales, en las vacaciones o en el barrio, vemos que son pocos los que tienen paz. Sin embargo, cuando hallamos un niño que refleja paz, sabemos de dónde proviene: de un padre que conoce al Señor y que ha llegado a una decisión básica en su propia vida.

Como padres, debemos modelar los atributos del carácter cristiano que aparecen en Gálatas 5:22-23: «El fruto del Espíritu es:

Amor
   Alegría
      Paz
         Paciencia
            Amabilidad
               Bondad
                  Fidelidad
                     Humildad
                         Dominio propio».

¡Comienza hoy mismo un plan para enseñarles a tus hijos a ser personas bondadosas consigo mismos y con los demás!

Oración

Padre Dios, sabes que deseamos enseñarles a nuestros hijos según tus principios. No queremos apartarnos de tu camino. Deseamos darles espacio a nuestros hijos para crecer en el desarrollo de su carácter. Impide que nos sobrepasemos en la corrección. Que nuestros hijos nos vean en la perspectiva adecuada de nuestra más pura intención. Gracias, Dios, por estos principios orientadores. Amén.

Tomen medidas

- ¿Qué pueden aprender de la lección de hoy?
- ¿Cómo implementarían estas ideas?
- Permitan que uno de sus hijos decida qué se comerá en la noche y ayúdenle en su preparación. A la semana siguiente, intercambien con otro hijo.
- Preparen un poco de rosetas de maíz como postre para la noche.

Lectura adicional

Hechos 16:31   Hechos 2:39
Isaías 44:3   Salmos 128:3

Pertenecemos a una familia

No importa lo difícil que sea la vida, pertenecemos a una familia. Quizá haya momentos en los que desilusionemos a los que amamos y le fallemos a las personas que más se preocupan, pero a través de todo esto descubriremos un grupo de personas que nos hacen sentir que tenemos un sitio y nos dicen: «Me importa lo que te sucede». De modo que permanecemos unidos y enfrentamos todo en la vida con una confianza que nace de la identidad segura que tenemos en la familia [...]

A pesar del dolor, la frustración y la vergüenza, el inevitable mundo de vida en la familia sigue siendo un regalo de Dios. El cuidado, el crecimiento y la confianza que se siente al ser vistos en lo peor y seguir sabiendo que tenemos un lugar es su regalo para nosotros. Es donde podemos [...] amarnos el uno al otro a largo plazo. Es donde vemos su gracia y poder demostrados una y otra vez.

John F. Westfall

I ncluso los matrimonios felices

Lectura bíblica: Filipenses 4:4-9

Versículo clave: Filipenses 4:8

> Por lo demás, hermanos, todo lo que es verdadero, todo lo honesto, todo lo justo, todo lo puro, todo lo amable, todo lo que es de buen nombre; si hay virtud alguna, si algo digno de alabanza, en esto pensad (RV-60).

U na mañana, mientras estábamos listos para abordar un avión en California a fin de dirigirnos al este para un seminario de fin de semana, nos llamó la atención cierta pareja delante de nosotros en la fila. Él era muy cariñoso: la abrazaba, la besaba y la estrechaba con afecto. Al observarlos, nos dimos cuenta de que esta era una pareja que se amaba y que sentían mutua atracción.

Ambos deseábamos acercarnos a esta muchacha para ver que tenía, pues era evidente que para ese joven su físico le era atractivo. Como se hicieron a un lado, el resto de la fila avanzó para abordar el avión. ¡Nos sorprendidos cuando pasamos junto a esta pareja que seguía abrazada! No era como la imaginamos, pues nos asustamos al ver que el rostro de la mujer estaba lleno de cicatrices debido a un reciente accidente automovilístico grave.

Avanzamos un poco en choque porque aquí no había la belleza física esperada, sino que pronto nos dimos cuenta de que conocimos a un hombre que fue debajo de la superficie de la apariencia física de esta dama y buscó su corazón, donde encontró la belleza eterna.

Pablo, el escritor de los versículos de hoy, señala ocho principios básicos del pensamiento y la alabanza para hallar felicidad.

* Todo lo que es verdadero
* Todo lo honesto
* Todo lo justo
* Todo lo puro
* Todo lo amable
* Todo lo que es de buen nombre
* Si hay virtud alguna
* Si algo digno de alabanza

EN ESTO PENSAD.

Todas las mañanas, al comenzar un nuevo día, tenemos que tomar decisiones. Una es la de amar a nuestro cónyuge. Podemos decidir hacerlo o no... es nuestra elección. El individuo y la pareja feliz tomará la decisión de amar a su cónyuge todos y cada uno de los días. Las ocho pautas para pensar de Pablo nos ayudan a conquistar todo lo negativo del mundo.

Cuando nuestra mente vaga hacia las cosas negativas de la vida, necesitamos pensar en las características de más arriba. No nos empantanemos en las pequeñeces de la vida; enfaticemos las trascendentes. Con este patrón bíblico de pensamiento comenzaremos a evaluar los alimentos que comemos, las películas que vemos, la literatura que leemos, la música que escuchamos, los amigos que tenemos, los programas de televisión que vemos y las palabras que hablamos. Este pasaje bíblico nos elevará a un nivel de vida superior. Un erudito dijo una vez: «Lo que seremos en los próximos cinco años se basará en tres cosas: los libros que leamos, la gente con la que nos juntemos y las decisiones que tomemos». Comencemos hoy a pensar en tales cosas.

Oración

Padre Dios, danos la disposición para pensar cosas buenas en este día. Permite que nuestros pensamientos nos inspiren y no que nos agobien. Haz que decida amar a mi cónyuge de modo que los que nos rodean conozcan nuestro amor mutuo. Danos la capacidad de amar sin condiciones, más allá de toda atracción externa. Que este amor fluya hacia otros que encontramos. Amén.

Tomen medidas

- Anota cinco cosas que te agraden de tu cónyuge.
- Todas las noches, durante una semana, escribe en un pedazo de papel tres cosas que observaste que tu cónyuge hizo por ti. Intercambien las notas y analícenlas.
- Escribe cinco cosas que te atrajeron de tu pareja cuando eran novios. ¿Todavía tiene esas mismas atracciones? Si no es así, ¿por qué? Discutan las respuestas entre ustedes.

Lectura adicional

Mateo 6:25-31   Efesios 3:14-21
1 Corintios 7:33-34   1 Pedro 4:7-11

Amor y compatibilidad

Establezcamos que el amor y la compatibilidad son dos cosas muy diferentes. Por el solo hecho de sentirnos atraídos hasta lo más profundo por una persona y tener sentimientos de amor apasionado no significa que deberíamos *casarnos* con ella. Enamorarse es sencillo. Algunos pueden hacerlo al instante. Sin embargo, tales personas quizá se enamoren y desenamoren varias veces antes de que descubran con quién pueden pasar el resto de su vida con felicidad.

Hay también personas con las que somos compatibles, pero que no amamos. Lo que necesitamos es alguien que reúna ambas condiciones.

Hemos sido programados por nuestra cultura, por la descripción del amor que se ve en la pantalla y por canciones populares a pensar en el amor como la mayor solución para todos nuestros problemas. Es el Santo Grial que, si se recupera, brindará felicidad eterna.

Este es un camino desastroso, pues esperamos que el romance nos dé algo que solo la religión puede ofrecer. Cuando comenzamos a adorar al amor romántico, este se desplomará bajo el peso.

Alan Loy McGinnis

No se queden cruzados de brazos

Lectura bíblica: Mateo 25:14-30

Versículo clave: Mateo 25:21

> *¡Hiciste bien, siervo bueno y fiel!*

Una langosta, cuando se queda en lo alto y se seca entre las rocas, no tiene el sentido ni la energía suficiente para regresar al mar, pero aguarda que el mar venga a ella. Si no viene, permanece donde está y muere, aunque el mínimo esfuerzo le hubiera permitido alcanzar las olas que a lo mejor rompen a escasos metros de allí.

Asimismo existe una marea en las cuestiones humanas que lanza a las personas a lugares estrechos y las deja allí como langostas varadas. Si prefieren quedarse donde los dejó la gran ola a la espera de que llegue otra que los lleve de nuevo al mar, es muy probable que nunca llegue a realizarse.

En el pasaje de hoy, Dios nos llama a usar con fidelidad nuestros talentos para Él, y amonesta a los que no usan los talentos que les ha dado. Ahora bien, analiza lo que Dios te dice en forma específica en esta parábola que narró Jesús.

¿Qué talentos te ha dado Dios? Muy a menudo pensamos en talentos como en capacidades desarrolladas a pleno, pero solo mientras cultivamos nuestros talentos es que llegan a madurar. Es más, debemos estar dispuestos a correr el riesgo de usar nuestros talentos. Al hacerlo, descubrimos lo lejos que puede llevarnos el Señor. Muchas veces las personas te darán indicaciones acerca de cuáles son tus talentos: «Eres un excelente maestro; escribes unas notas de aliento formidables; cuando tengo un problema, siempre estás allí; ¡tu forma de cantar me anima de verdad!». Presta atención a lo que la gente elogia en ti, pues esta puede ser la forma en que Dios te dice el don especial que te ha dado.

Echemos un vistazo al pasaje de hoy. En esta parábola, los primeros dos siervos estuvieron dispuestos a correr el riesgo. No solo obtuvieron una recompensa del cien por cien debido a sus esfuerzos, sino que el Maestro les dijo: «¡Hiciste bien, siervo bueno y fiel! En lo poco has sido fiel; te pondré a cargo de mucho más. ¡Ven a compartir la felicidad de tu señor!» (Mateo 25:21). Nota que a pesar de que sus talentos y habilidades eran diferentes, los primeros dos siervos recibieron la misma recompensa, indicando que Dios nos exige que seamos fieles en el uso de nuestras habilidades, cualesquiera que estas sean.

Si deseas tener éxito a los ojos de Dios, debes primero ser fiel en las pequeñas cosas. Entonces, Dios te pondrá a cargo de muchas cosas. ¿Crees que tu talento no podría bendecir a nadie? Este pasaje te anima a correr el riesgo. Bríndate para esa posición, escribe ese libro, inscríbete en esa asignatura, ofrece tu ayuda con ese proyecto. Escucha a Dios cuando te llama a la vida de aventura que se experimenta cuando uno usa los dones que te ha dado. No limites a Dios.

Ahora veamos la amonestación hacia los que no usamos nuestros talentos. El tercer siervo tenía miedo. Incapaz de correr un riesgo con su único talento, fue y lo escondió en la tierra. ¿Estás enterrando tus talentos? Dios te considerará responsable por lo que hagas con tus talentos y con tu vida. Al tercer siervo lo condena su pereza e indiferencia.

Dios quiere que corras el riesgo de usar los talentos que te dio, aun si no te parecen gran cosa. Da hoy mismo el primer paso y te asombrará lo que Dios puede hacer con personas comunes y corrientes. Y también serás bendecido cuando un día te presentes ante Dios y lo escuches decir: «¡Hiciste bien, siervo bueno y fiel!».

Oración

Padre Dios, hay momentos en que creemos no tener ningún talento. Tú dijiste que le has dado a cada uno de tus hijos dones especiales. Hoy te pedimos tu dirección. Señor, ¿cómo quieres que usemos nuestros talentos para tu gloria? Ayúdanos a escuchar tu respuesta. Amén.

Tomen medidas

- Pídanle a Dios como matrimonio que les revele esos dones especiales que Él desea desarrollar en ustedes.

- Pídanle a un amigo que les comente su percepción acerca de sus dones o talentos especiales.

- Desarrollen un plan y un calendario para comenzar a usar estos talentos y dones para el Señor.

- Salgan y sirvan a alguien hoy (comiencen con su pareja y familia).

Lectura adicional

Éxodo 4:10-12   Efesios 3:14-21
Efesios 5:21

Todo comienza en el hogar

Lectura bíblica: Salmo 127:1—128:4

Versículo clave: Salmo 127:3

> *Los hijos son una herencia del SEÑOR, los frutos del vientre son una recompensa.*

Para muchos peces, era una fuente de mucha contrariedad ver a un grupo de langostas que nadaban hacia atrás en vez de hacia delante. Entonces convocaron una reunión y se decidió comenzar una clase para la instrucción de las langostas. Así se hizo y asistieron varias langostas jóvenes. (Los peces pensaron que si comenzaban con las langostas jóvenes, cuando crecieran ya sabrían nadar de la manera adecuada).

Al principio lo hicieron bien, pero luego, al regresar al hogar y ver a sus padres que nadaban de la manera original, enseguida olvidaron la lección.

Por eso es que a muchos niños que se les enseña bien en la escuela vuelven atrás debido a la mala influencia del hogar.

En un estudio bíblico al que asistimos hace poco, el maestro nos preguntó: «¿Se sintieron amados por sus padres cuando eran niños?». Las respuestas fueron perturbadoras y, para nosotros los padres, bastante condenatorias.

- «Papá nos llevaba de viaje, pero jugaba al golf todo el tiempo que estábamos fuera».
- «Mamá participaba demasiado en su club social como para pasar tiempo con nosotros».

- «Estaban muy ocupados para mí».
- «Los viernes por la noche siempre encargaban un montón de pizzas cuando salían mis padres».
- «Pasaba mucho tiempo con niñeras».
- «Yo era un estorbo. No era importante para ellos».
- «Mamá no necesitaba trabajar, pero lo hacía para no tener que estar en casa con sus hijos».

Qué creen que dirían sus hijos si alguien les preguntara: «¿Te sientes amado por tus padres?». ¿Cuáles de sus acciones apoyarían su respuesta? ¿Las positivas o las negativas?

La lectura bíblica de hoy nos brinda algunos principios para edificar una familia en la que los hijos confíen en que sus padres los aman. Primero, el salmista se refiere a la base y la protección del hogar: «Si el SEÑOR no edifica la casa, en vano se esfuerzan los albañiles. Si el SEÑOR no cuida la ciudad, en vano hacen guardia los vigilantes» (versículo 1). El muro protector que rodea la ciudad era lo primero en construirse al hacer una nueva ciudad. La gente del Antiguo Testamento sabía que necesitaba protección del enemigo, pero también era lo bastante inteligente como para saber que los muros se podían escalar, derribar o destruirse. Se daban cuenta de que la seguridad definitiva era que el Señor montara guardia en la ciudad.

¿Buscas a Dios para que te ayude a edificar tu hogar? ¿Confías en el Señor para que vigile tu familia? Muchas son las fuerzas en la sociedad actual que amenazan a la familia. Cuando conducimos por las autopistas del sur de California, vemos padres que hacen lo imposible por proveer todas las cosas materiales que creen que harán feliz a su familia.

Nos levantamos temprano y nos acostamos tarde, pero el Salmo 127:2 nos dice que estos esfuerzos son inútiles. Debemos hacer todo lo posible por proveerle a nuestra familia y protegerla, pero debemos confiar en primer lugar en Dios para que la cuide.

En el versículo tres leemos que «los hijos son [...] una recompensa [regalo del SEÑOR]». En hebreo, «regalo» significa «propiedad», «posesión». En verdad, Dios nos ha prestado a nuestros hijos para que los cuidemos y los disfrutemos durante un tiempo. Siguen siendo de su propiedad, de su posesión. Como administradores a cargo de nuestros hijos debemos cuidarlos y eso requiere tiempo.

Nos encanta cultivar legumbres cada verano y siempre nos asombra lo que hace falta para obtener una buena cosecha. Tenemos que cultivar el suelo, sembrar la semilla, regar, fertilizar, desherbar y podar. La crianza de los hijos lleva mucho tiempo, cuidado, educación y cultivo también. No podemos descuidar estas responsabilidades si vamos a producir buen fruto. Dejados a su suerte, nuestros hijos, al igual que el huerto, no dará frutos y crecerán, en todo caso, solo malas hierbas. Sin embargo, cuando me *ocupo* del huerto, me recompenso con el maíz, los tomates, pepinos y judías. Así como la cosecha es mi recompensa, la de los padres es tener hijos temerosos de Dios.

Luego, si comparamos a los hijos con flechas en la mano del guerrero, el Salmo 127:4-5 menciona cómo los padres deben atender a sus hijos. Los padres sabios y habilidosos conocerán a sus hijos, los comprenderán y con cuidado harán puntería con ellos en la dirección adecuada antes de lanzarlos al mundo. Y, como quizá aprendieras en una clase de arquería, disparar una flecha en línea recta y que dé en el blanco es mucho más difícil en la vida real de lo que parece ser en las películas o en la televisión. Del mismo modo, ser padres piadosos y habilidosos no es sencillo.

La última parte del pasaje de hoy enseña la importancia de la presencia del Señor en el hogar.

- El Señor es esencial para la felicidad en el hogar (Salmo 128:1-2).
- La esposa que conoce al Señor será una fuente de belleza y de vida en el hogar (Salmo 128:3a)
- Con la bendición del Señor, los hijos florecerán como vástagos de olivo que proveen alimento, aceite y refugio a otros (Salmo 128:3b).

¿Qué pueden hacer como matrimonio para que la presencia del Señor sea más palpable en su hogar?

Por último, y para hacer una pregunta más directa, ¿qué clase de mayordomo eres en tu hogar? Dios te ha confiado a seres muy especiales: tus hijos. Tendrás la responsabilidad de cómo los cuidas. Sin embargo, no estás solo en esto. Dios ofrece pautas como las que hemos visto hoy además de su sabiduría y su amor, a fin de ayudarnos a hacer la tarea y hacerla bien.

Oración

Padre Dios, perdónanos por las maneras de dar menos de lo debido a nuestros hijos. Ayúdanos a saber cómo aminorar el paso en el ritmo de la vida. Ayúdanos a permanecer muy conscientes de que nuestros hijos estarán con nosotros solo por poco tiempo y que nuestra manera de tratarlos los afectará a ellos y a la vida de sus hijos también. Sigue enseñándonos cómo ser los padres que tú quieres que seamos. Amén.

Tomen medidas

- «Nuestra actitud hacia nuestros hijos revela nuestra actitud hacia Dios». ¿Qué significa para ustedes esta frase?
- Cuando conversen hoy con sus hijos, procuren mirarlos a los ojos mientras escuchan.
- ¿En qué necesitan ser más constantes al enseñar a sus hijos lo que es bueno y lo que es malo?
- Denles a sus hijos el regalo del tiempo, hoy y todos los días.
- ¿Alguna vez armaron un campamento bajo techo? Este fin de semana, vayan de camping en su cuarto de estar. Consigue bolsas de dormir y una linterna. Hagan sombras chinescas de animales en las paredes o el techo. Repasen cómo fue la semana y planeen algo para el futuro. Y no olviden hacer rosetas de maíz y chocolate caliente.

page 145 of 270

Lectura adicional

Santiago 1:19-20   Proverbios 18:10

Mateo 18:5-6   Proverbios 16:24

Deja de pensar en los familiares de tu cónyuge como en una raza especial conocida parientes políticos (término con connotaciones un tanto desagradables) y piensa que son seres humanos comunes y corrientes con defectos e imperfecciones, pero también con cualidades elogiosas. Solo descarta la etiqueta de políticos de tu mente. Piensa en ellos como personas. ¡Trátalos como personas!

Ruth Stafford Peale

$\mathcal{S}$i chocamos, ambos nos hundimos

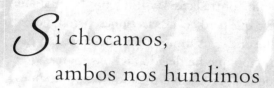

Lectura bíblica: Marcos 3:24-27

Versículo clave: Marcos 3:25

> *Si una familia está dividida contra sí misma, esa familia no puede mantenerse en pie.*

$\mathcal{S}$i dos barcos de la misma escuadra se separan en medio de una tormenta, ¿cómo pueden socorrerse el uno al otro? Si chocan, ¿acaso no dañará uno al otro y también a sí mismo? Un viejo dicho alemán de dos vasijas de barro que flotan juntas en el agua dice así: «Si chocamos, nos hundimos juntas».

Cualquier marinero precoz sabe muy bien la verdad de evitar que choquen los barcos. Muchos capitanes desearon no haberse golpeado y hundido hasta el fondo del mar con barco, tripulación y carga.

Hoy en día, la unidad familiar está bajo gran estrés y muchas familias caen víctimas de la separación y los golpes que se dan. Debido a esto, encontramos víctimas que yacen junto al camino por culpa de la poderosa fuerza de Satanás.

Cuando aceptó el nombramiento para un escaño en el Senado de los Estados Unidos, Abraham Lincoln dijo: «O los opositores de la esclavitud detendrán la extensión adicional de ella y la pondrán donde la mente del pueblo descanse en la creencia de que está en el curso de la extinción definitiva, o sus abogados la impulsarán hasta que llegue a ser legal en todos los estados, los viejos así como los nuevos, en el norte así como en el sur».

La postura de Lincoln contra la esclavitud y por la igualdad de todos los hombres hizo que perdiera las elecciones, pero Lincoln respondió en forma filosófica: «Aunque ahora desaparezco del medio y me olvidarán, creo que he dejado algunas marcas que hablarán por la causa de la libertad civil mucho tiempo después que ya me haya ido». Bueno, ¡es evidente que Lincoln no desapareció del escenario! Como presidente de los Estados Unidos trabajó para reconciliar a los que estuvieron en la guerra y para sanar las heridas que dividieron la nación y hasta algunas familias.

Muchas familias hoy en día están divididas y necesitan reconciliarse; muchas heridas en esas familias necesitan sanidad. Hemos visto que esto sucedió en nuestra propia familia extendida. Dos de nuestras tías, que eran hermanas, no se hablaron durante diez años. El desacuerdo inicial, aunque fue insignificante, se convirtió en irreparable. Ninguna estaba dispuesta a disculparse ni a reconocer su error. Después de observar que esto continuaba por mucho tiempo, Emilie decidió ser la pacificadora. Organizó una reunión familiar e invitó a las dos tías. Al poco rato, las dos comenzaron a franquearse y se hablaron la una a la otra. Al final de la noche, ya habían reparado el daño y juntas pudieron disfrutar los últimos quince años de sus vidas.

Quizá en su familia exista una división similar. Si es así, reconozcan que la advertencia del pasaje de hoy es para ustedes: «Si una familia está dividida contra sí misma, esa familia no puede mantenerse en pie». Si una familia se mantiene dividida, se desmoronará. ¿Qué pueden hacer para conseguir la unidad de su familia? ¿Qué pueden hacer para ayudar a que venga la sanidad a su casa? Cualesquiera que sean los pasos que decidan dar, tienen que saber que necesitarán mucha paciencia y oración. Al buscar la bendición de Dios en su intento por reconstruir su hogar, pídanle a Dios que les dé sabiduría y entendimiento. Reconozcan también que llevará tiempo reconstruir lo que ha destruido la división; no crean que se resolverá al instante. Tienen que estar dispuestos a caminar por fe y no por vista, y orar con fervor por la sanidad a cada paso del camino.

Oración

Padre Dios, úsanos para que seamos sanadores en nuestra familia. Úsanos para ayudar a llevar unidad donde haya ahora división. Muéstranos los pasos a seguir. Te damos gracias porque tú estarás con nosotros y nuestros familiares mientras tratamos de construir puentes y aprendemos a perdonarnos unos a otros. Amén.

Tomen medidas

- ¿Dónde existe una división en tu familia? ¿Dónde hace falta sanidad y reunificación? ¿En qué persona podrías comenzar a enfocar tus oraciones?
- Pídele a tu cónyuge que se una a ti en oración por esa persona y la meta de la unidad en la familia.
- Desarrollen un plan para reunificar a este miembro de la familia con la familia y luego corran el riesgo de poner ese plan en acción.

Lectura adicional

Mateo 12:25-27   Lucas 11:17-22

El amor ágape enriquece nuestros lazos familiares, nacionales y étnicos. El amor ágape nos hace más sensibles a la maravilla del mundo que nos rodea y a las diversas personas que se relacionan con nosotros. El amor ágape incluso nos hace tener mayor intimidad con los que están en nuestro círculo de personas más allegadas. Nos hace ser mejores amantes. La aceptación básica de la persona a nuestro lado enriquece el amor eros. Hace que la belleza y la intimidad sean plenas.

Earl F. Palmer

A men con el corazón, el alma y las fuerzas

Lectura bíblica: Deuteronomio 6:4-9

Versículo clave: Deuteronomio 6:5

> Ama al SEÑOR tu Dios con todo tu corazón y con toda tu alma y con todas tus fuerzas.

E l pasaje de hoy, junto con Mateo 22:34-40, nos habla de tres amores esenciales: el amor a Dios, el amor al prójimo y el amor a uno mismo. ¡Cómo nos distinguiríamos como cristianos en el mundo si fuéramos capaces de amar de esta manera! El pasaje de Deuteronomio continúa y nos desafía a:

- grabar estos mandamientos en nuestro corazón;
- inculcárselos a nuestros hijos;
- hablar siempre de ellos;
- atarlos «como un signo» en nuestro cuerpo;
- escribirlos en los postes de la casa y en los portones de la ciudad.

Sin duda, este mandamiento de amar es importante para Dios.

Sin embargo, mientras tratamos de ser siempre conscientes del mandamiento de Dios, *¿cómo vivimos estas tres clases de amor?* En su carta a la iglesia de Éfeso, Pablo nos ayuda a responder esa pregunta al decir: «Sean llenos del Espíritu» (Efesios 5:18).

Si nos amamos a nosotros mismos, hablaremos y cantaremos con palabras de gozo: «Anímense unos a otros con salmos, himnos y canciones espirituales. Canten y alaben al Señor con el corazón» (versículo 19). Las vidas satisfechas estarán llenas de gozo, alabanza y entusiasmo. Reflejarán pensamientos positivos, ideas optimistas y alabanzas a Dios. ¡Qué maravillosa prueba para ver dónde está nuestra satisfacción! ¿Se nos conoce como personas con la que es agradable estar o tratan de evitarnos? Dios quiere que estemos satisfechos con nosotros mismos por medio de Cristo y que reflejemos el gozo del Señor en nuestra alma, mente y espíritu.

Si amamos a Dios, seremos capaces de cumplir la orden de Efesios 5:20 al dar «siempre gracias por todo, en el nombre de nuestro Señor Jesucristo, a Dios, el Padre» (LBLA). Si amamos a Dios, estaremos siempre dando gracias por todas las cosas. Tendremos un corazón agradecido por todo lo que nos rodea. Las palabras positivas fluirán desde nuestros labios hacia Dios.

Si amamos a otros, seremos capaces de estar sometidos «unos a otros en el temor de Cristo» (versículo 21, LBLA). Cuando amamos en verdad a Dios, estamos equipados como para someternos a otros. Estas palabras «sometidos» o «sumisión» las desacreditan la cultura actual. En esencia, nos hablan de estar satisfechos con los demás hasta el punto de estar dispuestos a ceder el paso en nuestras relaciones personales. Estamos dispuestos a permitir que las necesidades de los demás tengan prioridad a las nuestras. La sumisión debe basarse en la reverencia a Dios. Es imposible someterse unos a otros por el simple deseo humano. Solo es posible cuando ambos nos sometemos el uno al otro por respeto a Dios.

Juntos, los mandamientos de amar a Dios con todo nuestro corazón, toda nuestra alma y todas nuestras fuerzas, y de amar a Dios, a otros y a nosotros mismos son un llamado a poner primero lo primero. Y hacerlo es un desafío diario.

Oración

Padre Dios, tú conoces las exigencias que tenemos como matrimonio. Ayúdanos a enfrentar esos desafíos comenzando cada día con esta pregunta: «¿Qué puedo hacer para amar a

Dios con todo mi corazón, mi alma y mis fuerzas?». Ayúdanos para que nuestras relaciones con los demás se arreglen mientras yo hago del amor a ti y al prójimo mi objetivo. Y ayúdanos a comprender mejor la clase de amor que deseas que sintamos por nosotros mismos. Tu llamado a amar parece muy básico, pero sabemos que nos ocuparemos de ello por el resto de nuestra vida. Amén.

Tomen medidas

- Anoten varias maneras en que manifiestan su amor por:
  —Dios

  —otros

  —yo

Ahora escriban varias formas nuevas de amar a Dios, a otros y a ustedes mismos. Elijan una en cada categoría para comenzar a hacerla esta semana:

  —Dios

  —otros

  —yo

Lectura adicional

Efesios 5:18-21   Mateo 22:36-40

Pon en mí gentileza

Mi familia vive con un padre y esposo que aún es demasiado rígido. Cuando Ann llama a cenar y yo dejo mi importante actividad, espero que la comida ya esté en la mesa lista para servir. Muy a menudo, todavía está en proceso. «¿Quién se cree que es, haciendo esperar a su eminencia?». Y cuando me pongo inflexible, ¡le digo el terrible inconveniente que me causó! ¿A quién le gustaría vivir con alguien así?

Ann tiene que tomar una decisión para responder a mi rigidez: con enojo o con amor y aceptación. Su oración en ese momento puede ser: «Señor, transforma a este papanatas a fin de que sea más agradable vivir a su lado», o: «Señor, tú tienes la gracia que necesito para perdonar a Ray, amarlo y aceptarlo como es él. Pon en mí la gentileza que necesito ahora para enfrentarlo con amor la rigidez que lo hace tan infeliz».

Ann y yo tenemos un convenio de no pedirle a Dios que transforme al otro hasta que Él haya terminado de usar esa irritación en particular para «perfeccionarnos». Ann oraría así: «Señor, no cambies la rigidez de Ray hasta que hayas terminado de usarla para moldearme y edificarme».

Ray Burwick

Un esposo, un guerrero gentil y una mujer ejemplar

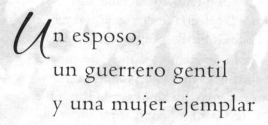

Lectura bíblica: Proverbios 12:1-7

Versículo clave: Proverbios 12:4

> La mujer ejemplar es corona de su esposo; la desvergonzada es carcoma en los huesos.

El comandante Sullivan Ballou escribió una carta a su amada esposa, Sarah, una semana antes de Manassas, la primera batalla de Bull Run. Sarah debió haber sido una mujer ejemplar que de seguro fue una corona para su esposo soldado.

14 de julio de 1861
Camp Clerk, Washington, D.C.

Mi muy querida Sarah:

Todo indica que partiremos en unos días, tal vez mañana. Por si acaso no me es posible escribirte otra vez, me siento impelido a escribir unas líneas que tus ojos puedan mirar cuando yo ya no esté [...]

No tengo recelos ni dudas sobre la causa en la que participo y mi valor no se detiene ni titubea. Sé cuán enorme es la confianza que tiene la Civilización Estadounidense en el triunfo del Gobierno y cuán grande es la deuda que tenemos con aquellos que derramaron sangre y que padecieron los sufrimientos de la Revolución antes que nosotros. Y yo estoy dispuesto, totalmente dispuesto, a dejar a un lado todas las alegrías de mi vida con tal de ayudar a mantener a este Gobierno y de pagar esa deuda.

Sarah, mi amor por ti es eterno; es un amor que me une a ti con líneas fortísimas que solo podría romper la Omnipotencia y, sin embargo, mi amor por la Patria me recorre como un fuerte viento y hace que me aferre sin remedio, con todas esas cadenas, al campo de batalla.

Los recuerdos de los momentos de gran felicidad que he pasado contigo se apoderan de mí y me siento sumamente agradecido con Dios y contigo por haberlos disfrutado tanto tiempo. Y me resulta muy difícil renunciar a ellos y reducir a las cenizas la esperanza de años venideros en los que, Dios mediante, seguiríamos estando juntos y amándonos y viendo a nuestros hijos crecer para convertirse en hombres de bien. Lo sé, no tengo sino unas cuantas y pequeñas peticiones que hacerle a la Divina Providencia; sin embargo, algo me dice —tal vez sea la plegaria de mi pequeño Edgar que hasta mí llega— que tengo que regresar ileso con mis seres queridos. En caso de que no sea así, mi querida Sarah, nunca olvides cuánto te amo y que cuando exhale mi último aliento en el campo de batalla, susurraré tu nombre. Perdona mis muchas fallas y las penas que te he causado. ¡Cuán desconsiderado e insensato he sido a veces! Con cuánto gusto limpiaría con mis lágrimas hasta la última mancha que haya empañado tu felicidad y lucharía contra todos los infortunios de este mundo para protegerte a ti y a mis hijos de cualquier mal [...]

¡Pero, ay Sarah! Si los muertos pueden volver a esta tierra y andar sin ser vistos alrededor de sus seres queridos, siempre estaré cerca de ti; en el día más radiante y en la noche más oscura [...] siempre, siempre, y si una suave brisa te rozara la mejilla, será mi aliento, o si el aire fresco te acariciara las sienes palpitantes, será mi espíritu que ha pasado. Sarah, no llores mi muerte; piensa que me he ido y que espero por ti, porque nos volveremos a ver[19].

A Sullivan Ballou lo mataron en la primera batalla de Bull Run, pero le había dejado a su esposa estas pocas líneas de amor. Sin dudas, ella pensaba en su amado esposo cada vez que una suave brisa rozaba su mejilla. Su esposo fue fuerte y a la vez sensible, recio y tierno. Como lo refleja su carta, enfrentó la muerte con valor, permaneció firme en sus convicciones y en su compromiso con su país, su esposa y su Dios. Y supongo que parte de ese valor era el resultado de una esposa que creyó en él, lo alentó y lo convirtió en su héroe.

Apoyar a tu hombre lo alentará a ser el hombre, el esposo y el padre que Dios quiere que sea. Al igual que Sullivan Ballou, que fue fuerte y tierno a la vez, tu esposo puede llegar a conocer la fortaleza de su masculinidad. Puede conocer el equilibrio entre la fortaleza y la sensibilidad que Dios quiso cuando creó al hombre. Estoy segura de que Dios vio al comandante Ballou y pensó: «Estuvo bien». Puedes ayudar a tu esposo para que reciba esas mismas palabras de alabanza y él te alabará en las puertas.

Dios permita que todas nos esforcemos por ser esposas de carácter ejemplar y corona de nuestros esposos.

Oración

Padre Dios, deseamos ser como hombre un guerrero gentil y como esposa una mujer ejemplar. Deseamos hallar gracia ante tus ojos y ser merecedores de nuestro cónyuge. Por favor, trae a nuestra vida las personas que nos mostrarán cómo desarrollar un carácter cristiano. Que seamos receptivos a los cambios. Queremos que sepan que los amamos mucho. En toda situación, deseamos expresar amor cualesquiera que sean las circunstancias o las situaciones. Amén.

Tomen medidas

- Escríbanse el uno al otro una carta similar, al no saber lo que quizá les suceda en las próximas cuarenta horas.
- Envíense esa carta por correo.
- Anímense a leer la carta del otro en voz alta. (Estén dispuestos a llorar).

Mediten en lo siguiente:

- Busquen hombres y mujeres para imitar.
- No guarden rencor. Eso los abrumará.
- Todos los días busquen alguna pequeña cosa que pueda hacer para mejorar su relación con su cónyuge.

Lectura adicional

Filipenses 4:8   Romanos 14:18-19
Efesios 5:21

Dios nos da un cántico nuevo

Lectura bíblica: Salmo 40:1-4

Versículo clave: Salmo 40:3

Puso en mis labios un cántico nuevo,
un himno de alabanza a nuestro Dios.

¿Qué sería de nuestra vida sin gozo? Sin gozo, no podemos hacer nada: Seríamos como un violín desafinado, que solo produce sonidos desagradables. La vida sin gozo es como un hueso dislocado, que no funciona como es debido. No podemos hacer nada bien sin el gozo.

Dios nos dará un cántico nuevo en nuestros labios y un himno de alabanza a Él. Cuando nos presentamos ante Dios con un corazón sincero y una voz de confesión, Él perdonará toda nuestra maldad (1 Juan 1:9). Cuando nos vaciamos del yo, Él nos da un cántico nuevo, escrito solo para nosotros.

Como familia, podemos tomar esta promesa y convertir nuestro gozo y nuestro cántico en risas. Somos un país que ha olvidado reír. Hay una enorme necesidad de contar con personas que tengan sentido del humor entre mamá, papá y los hijos. Bob Benson en su poesía «Risas en las paredes», capta la esencia de pasar tiempo juntos riendo en familia.

Paso frente a muchas casas de camino al hogar:
algunas lindas,
  otras costosas,
    otras que invitan a entrar;
pero a mi corazón siempre le falta un latido
  cuando doblo por el camino
y veo mi casa cobijada junto a la colina.
  Creo que estoy orgulloso en especial
de la casa y de su apariencia porque
  yo diseñé los planos.
Comencé a hacerla lo suficiente grande,
  hasta con una oficina,
en la que ahora habitan dos adolescentes allí.
  Y tenía un cuarto de huéspedes,
donde mi hija y nueve muñecas
son huéspedes permanentes.
  Tenía un cuarto pequeño, que Peg
iba a usar como cuarto de costura;
  los dos muchachos meciéndose
    en las puertas de dos paneles
      lo reclamaron como propio.
Así que en realidad ahora no parece
  que yo fuera un buen arquitecto.
Sin embargo, ya pronto será grande otra vez,
  uno a uno partirán
    a trabajar,
      a la universidad,
    a servir,
    a su propio hogar,
y entonces habrá cuartos:
  el de huéspedes,
    la oficina,
el de costura
solo para nosotros dos.

Aun así, no estarán vacíos...
    cada rincón
        cada habitación
            cada muesca de la mesita de la sala
estarán atestados de recuerdos.
Recuerdos de picnics,
    fiestas, Navidades,
        vigilias junto a la cama, veranos,
            estufas, inviernos, andar descalzos,
salir de vacaciones, gatos,
        conversaciones, ojos amoratados,
graduaciones, primeras citas,
        juegos de pelota, peleas,
lavado de platos, bicicletas,
        perros, paseos en barco,
vuelta a casa de las vacaciones,
        comidas, conejos y
miles de otras cosas
        que llenan la vida
de quienes criaron cinco hijos.
    Y Peg y yo nos sentaremos
en silencio junto al fuego
        y escucharemos
            las risas en las paredes[20].

Cuando los hijos se van, cuando ya no hay más almuerzos que preparar, cuando llegue la jubilación... ¿qué van a escuchar en sus paredes? Nuestra oración es que sean risas, pues Dios creó la risa. Que sus vidas reflejen gozo y risas.

Oración

Padre Dios, danos el tiempo para crear preciosos recuerdos
con nuestra familia y amigos. Estamos en este mundo por
poco tiempo y luego partimos, nos alejamos de nuestros seres
queridos. ¿Cómo nos recordarán? ¿Como alguien irritable,
gritón y amargado o amoroso, risueño y lleno de gozo? Permite
que el eco de nuestras risas resuene en las paredes mucho
después que partamos. Muéstranos la manera de hacerlo.
Amén.

Tomen medidas

- Compren un libro de chistes y cuenten uno cada noche
  durante una semana a la hora de la cena. Comiencen a
  reír en casa.
- Préstenle el libro a otro de la familia y permítanle que
  cuente un chiste cada noche a la hora de la cena durante
  la próxima semana.
- Tengan en cuenta que sus hijos estarán en el hogar por un
  corto período de su vida. Creen sus propias risas en las
  paredes.
- Redescubran y alimenten a los «niños» que hay en ustedes.
  Esa es la clave de su creatividad, de su sentido de asombro
  y de gozo.

Lectura adicional

Habacuc 3:17-18   Lucas 15:9-10
Hechos 2:46-47   1 Crónicas 29:9

Toma mi corazón
y conviértelo
en tu morada
a fin de que a todos
los que toque
¡sean también tocados por ti!

Alice Joyce Davidson

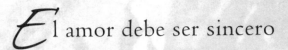

El amor debe ser sincero

Lectura bíblica: Romanos 12:9-21

Versículo clave: Romanos 12:9

> *El amor debe ser sincero. Aborrezcan el mal; aférrense al bien.*

El doctor Halbeck, misionero de la iglesia anglicana en África del Sur, desde la cima de una colina cercana observó el trabajo de unos leprosos. Se fijó en especial en dos que sembraban guisantes en el campo. Uno no tenía manos; el otro no tenía pies, perdieron esos miembros por la enfermedad. El que no tenía manos llevaba a cuestas al otro, que le faltaban los pies; y de esa manera se las ingeniaban para hacer el trabajo de un hombre entre los dos. Así debería ser la verdadera unión de los miembros del cuerpo de Cristo, donde todos los miembros deberían tener el mismo cuidado los unos por los otros[21].

¡Qué imagen tan vívida e impactante de cómo debe funcionar el cuerpo de Cristo! Lo que es fundamental para este tipo de unidad es el amor de Jesús. En la lectura de hoy se nos pide que tengamos un amor que sea «sincero». En algunas traducciones, Romanos 12:9 dice: «El amor sea sin hipocresía» (LBLA). La palabra «hipocresía» es un término de actuación que significa «actuar un papel». En el teatro vemos actores fingiendo personajes que en nada se parecen a lo que son ellos en la vida real. Sin embargo, en nuestro andar de fe, los que somos cristianos no debemos fingir ser alguien que no somos. Nuestro amor de los unos por los otros debe ser sincero, no un acto de hipocresía.

En el pasaje de hoy, Pablo da otras indicaciones sobre cómo vivir una vida cristiana que agrada y glorifica a Dios. Debemos escoger el camino adecuado en el cual vivir y algunos de esos pasos se bosquejan a continuación:

El camino de la sinceridad (versículo 9):

- El amor debe ser sincero.
- Aborrezcan el mal.
- Aférrense a lo bueno.

El camino de la humildad (versículo 10):

- Ámense los unos a los otros con amor fraternal.
- Hónrense mutuamente.

El camino de la pasión (versículos 11-12):

- Nunca dejen de ser diligentes
- Sirvan al Señor con fervor.
- Alégrense en la esperanza.
- Muestren paciencia en el sufrimiento.
- Perseveren en la oración.

El camino de las relaciones (versículos 13-21):

- Ayuden a los hermanos necesitados.
- Practiquen la hospitalidad.
- Bendigan a quienes los persigan.
- No maldigan a los que los odian.
- Alégrense con los que están alegres.
- Lloren con los que lloran.
- Vivan en armonía los unos con los otros.
- No sean arrogantes.
- Háganse solidarios con los humildes.
- No se crean los únicos que saben.
- No paguen a nadie mal por mal.
- Procuren hacer lo bueno delante del Señor.

- No tomen venganza.
- Si tu enemigo tiene hambre, dale de comer.
- Si tiene sed, dale de beber.
- No te dejes vencer por el mal, al contrario, vence el mal con el bien.

Dios quiere que hagamos todas estas cosas. ¡No es de extrañar nuestra lucha diaria para vivir ese tipo de vida que Él quiere que vivamos! A fin de poner estas cosas en práctica, debemos leer la Escritura y orar. Esto nos ayudará a permanecer firmes contra Satanás, a quien le encantaría apartarnos de nuestra meta de vivir una vida que agrade y glorifique a Dios.

Oración

Padre Dios, aquí estamos. Úsanos para tu reino. Enséñanos tu camino de amor. Llénanos de tu amor para que seamos capaces de cargar y llevar a un hermano que necesite nuestra ayuda, y ayúdanos a recibir tu amor cuando necesitemos que lo hagan con nosotros. Es un privilegio que nos llamen tus hijos. Permite que podamos vivir una vida digna de ese llamado, una vida que te glorifique en verdad. Amén.

Tomen medidas

- Elijan seis de las directivas de la lista anterior. Al lado de cada una, escriban lo que van a hacer hoy y esta semana para vivirlas.
- Ahora anoten esas seis directivas en una ficha y llévenla como recordatorio de las metas que se propusieron. Mejor aun, memoricen esas directivas.

Lectura adicional

Proverbios 6:16-19   Filipenses 4:8

ejen atrás

Lectura bíblica: Salmo 37:1-6

Versículo clave: Salmo 37:4

> *Deléitate en el SEÑOR, y él te concederá los deseos de tu corazón.*

Si eres como nosotros, hay muchas cosas que debemos dejar y no seguir reteniéndolas. Nos aferramos al pasado: los recuerdos de los buenos tiempos cuando éramos jóvenes y felizmente casados, teníamos buenos empleos y buena salud, y los hijos eran pequeños. Recordamos las vacaciones en las montañas, los paseos por la playa, las Navidades con mamá y papá. Así es, incluso parece que los recuerdos de los malos tiempos nos mantienen atrapados. Sin embargo, estos recuerdos parecen limitarnos. Hay veces que nuestra mente está tan concentrada en el pasado que nos olvidamos de disfrutar las emociones del presente y la expectativa del futuro.

Incluso a veces nos aferramos a las personas. Nuestra inseguridad no nos permite aventurarnos a hacer nuevos amigos. En este mundo tan cambiante, pareciera que fuera más difícil llegar a conocer a nuevas personas. Necesitamos recordar que debemos arriesgarnos a las relaciones nuevas. En su lugar, tratamos con desesperación de ser una bendición para nuestros viejos amigos con los que hemos orado, reído, llorado, salido de vacaciones y compartido transiciones entre la llegada de los hijos y el nido vacío. Aun así, sabemos que debemos soltar esas amistades para tener la libertad de expandir nuestro núcleo de amigos. Necesitamos hacer espacio a las nuevas relaciones.

Todos estos deseos de «dejar» nos mantienen aferrados al pasado (aun cuando fueran momentos maravillosos). Pedimos a Dios que nos muestre cómo dejar cosas atrás y seguir avanzando. Necesitamos fortaleza y valor para dejar que partan esos recuerdos (aunque nos encantan las tradiciones y los recuerdos), a fin de que logremos experimentar la plenitud de este día y todos los mañanas que Dios tiene para nosotros. Rogamos que Dios nos permita dar un paso de fe para que hagamos las cosas que tenemos para hoy y para el futuro.

El pasado no es el único impedimento. A veces la expectativa del futuro nos puede llevar a la ineficiencia. Dependerá de nuestras experiencias pasadas que nos encontremos atrapados por los sueños o deseos de lo porvenir. Esta visión quizá esté limitada debido a que no hemos revisado las metas para cinco años. Necesitamos permanecer renovados con nuevos deseos para el futuro. No tenemos que hacer en el futuro lo mismo que hicimos en el pasado. Debemos ser receptivos a las nuevas instrucciones de Dios y su orientación fresca con cada bocanada de aire que aspiramos.

Quizá no sea fácil dejar atrás, pero sabemos que podemos hacerlo con la ayuda de Dios y permitirle que obre en nuestra vida.

Como dice en Génesis 2:24, necesitamos dejar partir a nuestros hijos. Con frecuencia esto es lo más difícil de la vida.

Hace mucho años en «Enfoque a la Familia», el doctor Dobson leyó una ahora famosa carta sobre «dejar ir» en su programa radial diario.

Querido Paul:

Esta es la carta más importante que te haya escrito y espero que la tomes en serio, como es su intención. He orado y pensado mucho en el asunto que quiero comunicar y creo que tengo razón en lo que he decidido hacer.

Durante los últimos años, tú y yo hemos participado en una dolorosa competencia de fuerzas. Estuviste luchando por liberarte de mis valores y mis deseos para tu vida. Al mismo tiempo, yo he tratado de retenerte en lo que ambos sabemos que es bueno. Aun a riesgo de ser latoso, he seguido diciéndote: «Asiste a la iglesia», «Escoge buenos amigos», «Obtén buenas calificaciones en el colegio», «Prepárate con sabiduría para el futuro», etc. Estoy seguro de que te has cansado de estas recomendaciones y advertencias, pero solo anhelo lo mejor para ti. Esta es la única manera que conozco para impedir que cometas algunos errores que tantos otros cometieron.

Sin embargo, he estado pensando en todo esto durante los últimos meses y creo que terminó mi tarea como padre. Desde el día en que naciste, he hecho todo lo posible por hacer lo bueno para ti. No siempre he tenido éxito; he cometido errores y he fracasado de muchas maneras. Algún día te darás cuenta de lo difícil que es ser un buen padre, y quizá entonces me comprenderás mejor que ahora. Con todo, hay una esfera en la que nunca he titubeado: Te he amado con todo mi ser. Es imposible expresar la profundidad de mi amor por ti durante estos años y ese sentimiento es tan grande ahora como lo ha sido siempre. Y seguirá allí en el futuro, aunque cambie nuestra relación. Por ahora, ¡eres libre! Quizá rechaces a Dios o lo aceptes, es tu decisión. Al final, responderás solo ante Él, de todas maneras. Puedes casarte con quien quieras sin una objeción mía. Puedes ir a la universidad de Los Ángeles, a la estatal o a cualquier otra que elijas. Puedes fracasar o tener éxito en cada una de las responsabilidades de la vida. Se cortó el cordón umbilical.

No te digo estas cosas con amargura ni enojo. Me sigue importando lo que te ocurra y me preocupa tu bienestar. Oraré por ti todos los días, y si vienes a pedirme consejo, te daré mi opinión. *No obstante, la responsabilidad ahora pasa de mis hombros a los tuyos.* Ya eres un hombre, y tienes el derecho de tomar tus propias decisiones, sin importar las consecuencias. A lo largo de tu vida senté las bases de valores que te prepararían para este momento de madurez e independencia. Ha llegado ese momento, y mi expediente está en los libros.

Tengo confianza en ti, hijo. Tienes dones y has sido bendecido de muchas maneras. Confío en que Dios te guíe y dirija tus pasos, y me siento optimista con el futuro. No importan los resultados, siempre tendré una ternura especial en mi corazón por mi amado hijo.

Papá

Cada familia es única en su manera de liberar a sus hijos en la adultez y el matrimonio. En las ceremonias de boda judías a las que hemos asistido, los padres de la novia y del novio recitan los votos que liberan a sus hijos de la autoridad paterna. Esto quizá sea una buena tradición para añadirla a nuestra ceremonia cristiana. Liberar de manera formal a nuestros hijos puede servir para eliminar mucha de la culpa, nuestra y de nuestros hijos, que siempre ocasiona la partida de un hijo para casarse.

A menudo nos aferramos a nuestros hijos porque tememos que se vayan de nuestra vida por completo. Sin embargo, esa partida no significa que no volvamos a verlos, que no vayan a venir a cenar, ni que no les demos un consejo cuando lo pidan. Solo quiere decir que ya no intentaremos controlarlos como lo hicimos cuando eran más jóvenes.

Oración

Padre Dios, tú sabes que nos cuesta «dejar atrás» muchos recuerdos preciosos, relaciones, posesiones, salud, seres queridos y buenos amigos. La vida está siempre en movimiento, nunca se detiene. Por favor, enséñanos a apreciar todas las cosas que nos has dado en la vida, pero haz que seamos sensibles a las realidades futuras. Danos el deseo, la fortaleza y el valor para seguir adelante en la vida. Permite que seamos flexibles en este mundo siempre cambiante. Gracias por escuchar nuestras oraciones de liberación. Amén.

Tomen medidas

- Anoten en sus diarios tres cosas que dejarán atrás. ¿Cómo lo harán? ¿Con una acción, una llamada telefónica, una carta, una oración?
- Escriban en sus diarios tres nuevas aventuras que tendrán lugar. ¿Cómo piensan implementarlas?

Lectura adicional

Proverbios 3:5-6   Mateo 6:31-32
1 Pedro 5:7   Salmo 40:4

De buenos padres salen buenos hijos

Lectura bíblica: Mateo 7:15-20

Versículo clave: Mateo 7:18

> *Un árbol bueno no puede dar fruto malo, y un árbol malo no puede dar fruto bueno.*

En este pasaje para hoy, el escritor se expresa con términos de la agricultura. Habla de árboles, frutos y cómo se producen estos. Le enfatiza al lector que debe discernir a las personas viendo el fruto que dan. Destaca que a nosotros también nos conoce por el fruto que damos y que nuestro fruto debería ser bueno.

Como buenos padres, se nos desafía de continuo a educar buenos hijos, no a químicos, ni ases de la computación, ni estrellas del deporte, sino buenos hijos. Muchos dedicamos tanto tiempo a criar un buen _____ que no pensamos demasiado en la enseñanza de valores éticos y morales.

Woodrow Wilson, cuando fue presidente de la universidad Princeton, dirigió una reunión de padres del alumnado. Parte de su discurso versó sobre este tema. En parte dijo que recibía muchas cartas de los padres acerca de sus hijos. Querían saber por qué la facultad no conseguía obtener más de los estudiantes y por qué no podían hacer algo más por ellos.

El señor Wilson prosiguió dando las razones del porqué esto no siempre era posible. Le dijo al grupo que no trataba de ser chocante ni descortés, pero la principal razón por la que la institución no podía hacer lo que le pedían era porque los alumnos eran hijos de sus padres. Los criaron en el hogar de sus padres, sangre de su sangre y huesos de sus huesos. Absorbieron las ideas de su hogar. Los padres los formaron y moldearon.

Todos deseamos que a nuestros hijos les vaya mejor que a nosotros. Queremos que disfruten de un mejor estilo de vida del nuestro (sin importar lo buena que fuera esa experiencia). Sin embargo, como padres, a menudo no tomamos en cuenta que un hijo rara vez muestre un nivel mayor de aspiraciones, virtudes, carácter o piedad del que reflejan los padres.

Como padres, no podemos esperar que otro logre hacer con nuestros hijos un mejor trabajo que el que hicimos nosotros. Nosotros somos los verdaderos educadores de nuestros hijos; el resto son solo los actores de reparto.

Una de las palabras hebreas para padre es «maestro». En la cultura actual, todos estamos muy dispuestos a volcar los asuntos espirituales de nuestros hijos en el pastor o en el maestro de la Escuela Dominical, la educación sexual en un maestro de la escuela pública, la formación del carácter en el entrenador deportivo y lo económico en un maestro de finanzas de la escuela.

Nosotros tenemos la responsabilidad ante Dios de criar a nuestros hijos según los principios bíblicos. No nos apresuremos a dejar estas verdades en manos de otras entidades. Somos los maestros y jamás podemos declinar esa responsabilidad, sin importar lo ocupados que estemos en la vida.

Oración

Padre Dios, tú sabes cuánto deseamos como padres criar a nuestros hijos con responsabilidad. Deseamos tener las bendiciones que mencionan las Escrituras en el Salmo 127:3-5. Danos como pareja el deseo de asumir la responsabilidad ante ti por nuestros hijos. No queremos cederle esta responsabilidad a otras entidades. Te rogamos que nuestros hijos nos ayuden a nosotros como padres necesitados, que sean obedientes a tu Palabra, que tengan un espíritu enseñable hacia nuestro liderazgo. Pon en nuestro corazón el deseo de ser maestros de nuestros hijos. Amén.

Tomen medidas

- Anoten en sus diarios cinco características piadosas que les gustaría que tuvieran sus hijos cuando lleguen a los once años, a los trece años y a los dieciocho años de edad.
- Como matrimonio, ¿qué experiencias y actividades podrían proveerles para que adquieran estas características?
- Oren hoy por cada uno de sus hijos. Díganle a cada uno en particular que lo aman. Denle un gran abrazo y beso a cada uno.
- ¿Son sus hijos afortunados por vivir en su hogar? ¿Por qué?

Lectura adicional

Hechos 16:31   Isaías 54:13
Proverbios 17:6   Salmo 128:3

Recuerdos del banco de jardín

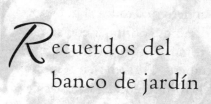

Lectura bíblica: Filipenses 1:3-11

Versículo clave: Filipenses 1:3

> *Doy gracias a mi Dios cada vez que me acuerdo de ustedes.*

Para ver el mundo en un grano de arena, y el cielo en una flor silvestre, abarca el infinito en la palma de tu mano, y la eternidad en una hora.

William Blake, *Augurios de Inocencia*

Era un tibio y soleado día de enero en Riverside, California. Dos de nuestros cinco nietos nos ayudaban a disfrutar ese agradable día. Christine, de diez años, ayudaba a su abuelita Em con la cena. Recogía flores para adornar la mesa del comedor. El abuelo Bob y Bevan rastrillaban el jardín y recogían naranjas, aguacates y limones de los árboles que rodeaban la casa.

A medida que pasaba la tarde, nuestros trabajadores se sentían calurosos y cansados.

Christine dijo: «Abuela, preparemos té». Ante esa sola sugerencia, ¡dejé de lado lo que hacía y puse la tetera para que Christine y yo tomáramos el té! En el proceso, a los hombres les echamos jugo fresco en un gran vaso con hielo y les preparamos una deliciosa merienda. Llevamos todo a la colina donde estaban abuelo y Bevan. ¡Qué alegría les dio recibir el refrigerio! Nos dieron las gracias y se dirigieron al banco para sentarse bajo la sombra del gran árbol de aguacate, desde donde se contempla el campo y nuestro pintoresco y pequeño sendero que rodea el granero.

Cuando Christine y yo los dejamos continuar con su tarea, regresamos a la casa. Christine tomó mi mano y me dijo: «Te quiero, abuela». «Yo también te quiero, Christine», le respondí.

Preparé la tetera mientras Christine colocaba las tazas de té sobre la mesa con nuestras cucharitas de plata especiales. Tostamos gruesas rebanadas de pan que untamos con mantequilla y mermelada. Fue una fiesta instantánea que solo disfrutamos Christine y yo.

Esa noche, cuando Bob y yo nos acostamos, comenzamos a contarnos cómo fue nuestro día con nuestros tan maravillosos nietos.

—¿De qué hablan un abuelo y su nieto de siete años en un banco a la sombra de un aguacate? —quise saber.

—Ah... de cosas muy importantes —respondió Bob—. Los muchachos conversamos como lo hacen las muchachas.

Podía imaginarme al abuelo Bob y a Bevan, de solo siete años, con las caras sucias de tierra, sentados en ese banco. Entonces Bob prosiguió:

—Le dije a Bevan: "Un día, Bevan, cuando el abuelo esté ya en el cielo y conduzcas hasta Rumsey Drive siendo un hombre, mirarás este banco en el que estamos sentados y recordarás el día en que la abuela Em y tu hermana Christine nos sirvieron tostadas con mermelada y un vaso de jugo". Entonces Bevan respondió: "No solo lo recordaré, sino que traeré a mi hijo y algún día él traerá a su hijo y señalando el banco le contará acerca de las tostadas y la mermelada que comimos debajo de ese gran árbol de aguacates".

¿Qué comprende y piensa un pequeño a través del proceso de las generaciones?

Cuán bendecidos somos al tener la oportunidad dada por Dios de enseñarles a nuestros hijos y nietos acerca de la belleza de la creación de Dios, la vida y la muerte y, por sobre todas las cosas, de Dios el Padre, Dios el Hijo y Dios el Espíritu Santo.

¡Dedica tiempo dentro de tu apretada agenda para crear un momento que recuerden por siempre! Quizá sea con tu cónyuge, con tu hijo, tu nieto o con un amigo. Dedícales un tiempo como una forma de decirles: «Tú eres importante». Todas las ocupaciones de la vida pueden detenerse unos minutos. La serenidad será buena para ti. Nuestra alma y nuestro corazón claman: «Por favor, haz un alto y déjame descansar; estoy cansado de la sociedad con tanta tecnología que exige cada vez más; ¡ya está bien!».

Los ruidos cada vez mayores son tormentas emocionales para nuestro cuerpo; se llevan nuestra energía, nos atemorizan y nublan nuestra visión hacia el futuro. Todos deseamos paz, tranquilidad y recuerdos que nos den un propósito.

Tal vez tu recuerdo no sea el banco del jardín, pero en algún lugar hay un altar donde puedes plantar un recuerdo que durará toda la vida.

Oración

Padre Dios, creemos que solo vivimos el hoy, pero las Escrituras nos dicen que miremos el futuro y la eternidad. El mundo desea que nos conformemos con las presiones del presente y nos concentremos en lo temporal. Ayúdanos a dedicar tiempo a desarrollar una dirección futura para mí y nuestra familia. Lo que hiciste por nosotros en el pasado nos da esperanza para el futuro. Amén.

Tomen medidas

- Tomen de la mano a un hijo. Salgan de caminata y conversen.
- Denle a alguien un refrigerio hoy: un vaso de jugo o una taza de té.
- Díganle a alguien: «Te quiero».

- Telefoneen a un amigo para decirle lo que su recuerdo del pasado significa para ustedes.
- Díganle a Dios cuánto aprecias los recuerdos creados por las palabras de la Escritura.

Lectura adicional

1 Corintios 1:4	Deuteronomio 6:6-7
Salmo 67:1	Romanos 12:2

Contentamiento: El secreto de la vida

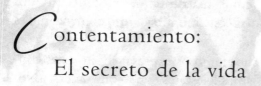

Lectura bíblica: 1 Timoteo 6:1-10

Versículo clave: 1 Timoteo 6:6

> Gran ganancia es la piedad acompañada de contentamiento (RV-60).

Aun obispo de la iglesia primitiva que era un destacado ejemplo de contentamiento se le preguntó su secreto. El anciano respondió: «Consiste solo en el adecuado uso de mis ojos. En cualquier circunstancia que esté, primero alzo los ojos al cielo y recuerdo que mi principal función aquí es llegar allá; después miro hacia la tierra y recuerdo la pequeña porción de terreno que ocuparé cuando muera y me entierren; entonces miro hacia el mundo exterior y observo a las multitudes que son en todo sentido más infelices que yo. De esa manera descubro dónde está la verdadera felicidad, dónde deben acabar todas nuestras preocupaciones y qué pocos motivos tengo para quejarme».

Todos conocemos personas que se quejan siempre de su situación: «Si al menos tuviéramos una casa mayor; si solo tuviéramos un auto mejor; no seré feliz hasta que regresemos a _____; este impedimento físico me refrena; tenemos que conseguir al menos doscientos dólares más al mes».

Las condiciones y las situaciones nunca serán perfectas. Nos hemos convertido en una cultura centrada en condiciones perfectas, pero si esperamos por la perfección para tener contentamiento, jamás seremos felices. Las *cosas* no nos dan contentamiento. Este solo viene cuando, como matrimonio, nos concentramos en el porqué estamos aquí en este mundo y luego comenzamos a vivir según ese propósito.

Uno de nuestros dichos famosos expresa: «Si no estás contento con lo que tienes, jamás lo estarás con lo que deseas». Nos encontramos muchas personas que están siempre mirando hacia el futuro: el próximo cheque de pago, la próxima casa, la próxima iglesia, el mes próximo, la próxima escuela y, en algunos casos, el próximo cónyuge. Somos un país caracterizado por el descontento. ¿Acaso te sientes atraído a este modo de pensar?

Hace poco, fuimos a visitar nuestro nieto Bradley Joe Barnes II. Mientras lo teníamos en brazos, le pasábamos nuestras manos por su cabello, seguíamos el contorno de los dedos de sus manos y pies, nuestra mente comenzó a pensar en lo que sería cuando fuera hombre. ¿Tendría buenas notas e iría a la universidad? ¿Sería un bombero, un pastor, un maestro, un entrenador, un vendedor? De pronto nos dimos cuenta de que estábamos concentrando nuestros pensamientos en lo *que* podría ser en vez de en *quién* llegaría a ser.

En la cultura actual nos apartamos de los logros espirituales por poner nuestra esperanza en las riquezas (1 Timoteo 6:17) y edificar nuestra vida alrededor de las maneras de conseguir esta ambición. Al sentarnos juntos en el cuarto de Bradley Joe, nos pusimos a orar para que toda su familia extendida le enseñara valores más altos que el dinero, la carrera o la fama. No porque eso sea malo, sino porque el valor que ponemos en ello puede llevarnos a la ruina (1 Timoteo 6:9).

En el pasaje de hoy Pablo declara: «Gran ganancia es la piedad acompañada de contentamiento» (1 Timoteo 6:6, RV-60). Cuando descubrimos que miramos al futuro porque no estamos contentos con el presente, ¡que Dios nos dé la paz que necesitamos para descansar en el sitio donde nos ha puesto! ¡Conténtate hoy!

Oración

Padre Dios, tú sabes que el deseo de mi corazón es contentarme cualquiera que sea mi situación. Anhelo ser como Pablo en tal sentido. Tú me has dado muchísimo y quiero darte gracias infinitas por esas bendiciones. Amén.

Tomen medidas

- En vez de estar descontentos con la etapa de su vida, comiencen a alabar a Dios por donde están.
- Pídanle a Dios que les muestre lo que pueden aprender en la situación actual.
- Escríbanle una carta a Dios dándole gracias por todas sus bendiciones. Nómbrenlas una por una.

Lectura adicional

1 Timoteo 6:11-21   Proverbios 22:1-2
Marcos 10:17-25

Dios lo prometió

Si pudiera, dibujaría un arco iris para ti
Y lo salpicaría con todos los colores de Dios
Y lo colgaría en la ventana de tu ser
A fin de que cada mañana de Dios
Tus ojos se abrieran primero a la Esperanza
    y la Promesa.
Si pudiera, enjugaría tus lágrimas
Y te tendría cerca siempre en paz..
Sin embargo, Dios nunca prometió
Que yo podía dibujar un arco iris,
Jamás prometió que yo podía sufrir por ti,
Solo prometió que yo podía amarte a ti.
Y eso es lo que hago.

Ann Weems

$\mathcal{U}$na lección sobre la oración

Lectura bíblica: Colosenses 1:9-12

Versículo clave: Colosenses 1:9

> *Desde el día en que lo supimos no hemos dejado de orar por ustedes. Pedimos que Dios les haga conocer plenamente su voluntad con toda sabiduría y comprensión espiritual.*

$\mathcal{V}$arios pastores se reunieron para discutir asuntos difíciles. Entre otros, se hizo la pregunta de cómo se podía cumplir la orden de «orar sin cesar». Se sugirieron varias ideas y al final se escogió a uno de los pastores para escribir un ensayo sobre el tema a fin de que se leyera en la siguiente reunión. Una empleada doméstica que escuchó por casualidad, exclamó:

—¡Qué! ¿Esperar todo un mes para hallar el significado de ese texto? Ese es uno de los versículos más sencillos y excelentes de la Biblia.

—¡Ajá! —respondió un anciano pastor—. Mary, ¿qué puedes decir al respecto? Permítenos conocer lo que entiendes de ese pasaje. ¿Puedes orar todo el tiempo?

—¡Ah, claro que sí, señor!

—¿Qué? ¿Con todas las cosas que tienes que hacer?

—¡Vaya, señor, mientras más cosas tengo que hacer, más puedo orar!

—¿En serio? Bueno, Mary, cuéntanos cómo lo haces.

—Muy bien, señor —respondió—. Apenas abro los ojos por la mañana, oro: "Señor, abre los ojos de mi entendimiento"; mientras me visto, oro para ser revestida con ropas de justicia; cuando me aseo, pido el lavamiento de la regeneración; cuando comienzo a trabajar, pido a Dios que me dé las fuerzas necesarias para ese día; cuando enciendo el fuego, oro para que la obra de Dios se reavive en mi alma; mientras lavo los pisos, oro para que mi corazón sea limpio de toda impureza; mientras preparo y tomo el desayuno, deseo alimentarme con el maná y la leche pura de la Palabra; cuando estoy ocupada con los niños, alzo mi mirada hacia Dios mi Padre y oro por el espíritu de adopción, que yo pueda ser su hija; y así durante el día. Todo lo que hago me provee ideas para orar.

—¡Ya es suficiente! —gritó el anciano pastor—. Estas son las cosas reveladas a los niños y a veces ocultas de los sabios y entendidos. Sigue así, Mary, ora sin cesar; y en cuanto a nosotros, hermanos, bendigamos al Señor por esta exposición y recordemos lo que ha dicho: "Él dirige en la justicia a los humildes".

Después de este pequeño incidente, ya no se consideraba necesario el ensayo[22].

La oración es de suma importancia en nuestra vida diaria. Así como esta joven podía orar durante todo el día, nosotros debemos orar de manera específica por nuestros amigos. No existe amistad más importante que esa entre un esposo y su esposa en el matrimonio.

Comienza cada día y termina cada noche en oración de agradecimiento por el nuevo día (mañana) y por las provisiones del día (noche).

Cuando pasamos tiempo con Dios, estamos dispuestos a su obra en nuestro corazón y en nuestra vida. Entonces, cuando lo vemos actuar, deseamos conocerlo aun más. Desearemos que nuestra vida de oración sea todo lo que puede ser. ¿Qué significa eso? ¿Cómo deberíamos orar? En la Escritura encontramos muchos modelos de oración, y es probable que el principal sea el Padrenuestro (Mateo 6:9-13). Este maravilloso ejemplo incluye elementos importantes de la oración. Encontramos palabras de adoración, de sumisión a la voluntad de Dios, de petición y de alabanza. Podemos aprender mucho del modelo que nuestro Señor nos dio cuando sus discípulos pidieron: «Enséñanos a orar» (Lucas 11:1).

Aunque el Padrenuestro sea muy importante para nosotros, también hallamos en Colosenses 1:9-12 una poderosa guía para nuestra vida de oración. Si no tienes el hábito de orar, o si quieres renovar tu tiempo con Dios, te animamos a que leas este pasaje de la Escritura todos los días durante treinta días. Léelo por partes, medita en su mensaje cada día y pon en práctica lo que dice; te convertirás en una nueva persona.

Lee de nuevo el pasaje de las Escrituras de este día y piensa en lo maravilloso que es orar por tu pareja y amigos. Saber que un amigo ora por ti es una verdadera fuente de aliento y apoyo. Si no oras por tu cónyuge y tus amigos todos los días, te sugerimos que Colosenses 1:9-12 sea tu modelo. Fíjate en lo que le pedirás a Dios:

- Que tu cónyuge y tus amigos tengan la sabiduría y la comprensión espiritual que necesitan para conocer la voluntad de Dios.
- Que anden «como es digno del Señor» (versículo 10, LBLA).
- Que tu pareja y amigos estén «dando fruto en toda buena obra y creciendo en el conocimiento de Dios» (versículo 10, LBLA).
- Que sean «fortalecidos con todo poder según la potencia de su gloria, para obtener toda perseverancia y paciencia» (versículo 11, LBLA).

Puedes finalizar tu oración dando gracias con alegría a Dios por todo lo que te ha dado (versículo 12).

¿Conocías esas palabras? ¡Qué armadura de protección y crecimiento puedes darles a tu cónyuge y a tus amigos con una oración semejante! Con estas poderosas palabras y el Señor de su lado serán capaces de lidiar con los desafíos que enfrenten.

Te animamos a que les digas a tus amigos que oras por ellos todos los días, y si son receptivos, diles los motivos específicos de tus oraciones por ellos. Te aseguramos que es un enorme consuelo tener amigos que oran por ti, que le piden a Dios sabiduría y entendimiento para que puedas honrarlo a Él en todo lo que haces, para ayudarte a dar fruto para su reino y para garantizarte fortaleza, perseverancia y paciencia.

Tienes que saber también que estos versículos de Colosenses son un excelente modelo para tus oraciones por otros familiares, vecinos y por ti mismo. Al fin y al cabo, todo el pueblo de Dios necesita conocer su voluntad, honrarlo en todo lo que hace, crecer en el conocimiento del Señor y ser fuertes, perseverantes y pacientes en el servicio a Él.

Oración

Padre Dios, permítenos que como pareja sepamos la manera de orar por nuestros cónyuges, amigos y familia. Permítenos dedicar el tiempo para considerarla, pues la oración nos capacita para ser más fuertes en nuestro andar contigo. Estamos abiertos a tu enseñanza y queremos aprender. Amén.

Tomen medidas

- Escriban en sus diarios los nombres de su cónyuge y de uno a tres amigos por los que quieran orar cada día. Debajo de cada nombre anoten varias esferas específicas por las que quieran orar por ellos.

- Lean Colosenses 1:9-12 durante treinta días seguidos. Piensen en particular en los amigos que anotaron en sus diarios.

Lectura adicional

Efesios 3:14-19   Filemón 4-7

La amistad es un riesgo. Casi nunca hay advertencias sobre posibles peligros. A veces no tengo idea de lo que contiene el paquete, pero extiendo la mano y lo tomo de todas maneras, porque Dios me creó para dar y recibir amor. Cualquier otra manera es muy solitaria. Sin embargo, a veces el regalo de la amistad puede contener peligros, crisis, transformaciones, complicaciones con las que no contaba al principio. ¿Y qué después?

Sigo amando y preocupándome, pero me doy cuenta de que a veces amar tiene difíciles demandas. Algunas veces la amistad se oculta. Algunas veces la amistad causa dolor y atenta contra la salud y la integridad del otro, por bien del equilibrio.

Ruth Senter

Nuestra fuente de amor y amistad

Lectura bíblica: 1 Corintios 13:4-13
Versículo clave: 1 Corintios 13:4

El amor es paciente, es bondadoso. El amor no es envidioso ni jactancioso ni orgulloso.

Hace algunos años, a nuestro amigo Bill Thornburgh le diagnosticaron una leucemia. Luego de dieciocho meses y tres series de tratamiento con quimioterapia, Bill se fue al hogar para estar con el Señor. Poco después, mientras su esposa Carole se preparaba para visitar a la hermana de Bill, decidió llevar algunos de los viejos libros de Bill. Mientras los escogía, halló un sobre para ella de Bill. Dos años antes, le escribió a Carole una tarjeta por Semana Santa y ella la había guardado en un libro. Al descubrir de nuevo la tarjeta, le dio gracias a Dios por las palabras que le escribió su esposo.

En la época de Navidad, Carole tenía este mensaje de Semana Santa de su esposo:

Una semana de llanto
Una semana larga
Una semana difícil
Una semana de soledad

Una semana dolorosa
Una semana reveladora
Una semana de recuperación
Una semana reconfortante
Una semana de paz
Una semana de nueva dedicación
Una semana amistosa
Una semana de amor
Una semana en torbellino
Una semana de renovación
Una semana gloriosa
Una semana victoriosa
Una semana que cambia la vida
Pero una semana que jamás olvidaré.
Que Dios sea nuestra fuente de verdadero amor y amistad.
Has sido muy buena en estos días. Te amo por eso.
Has sido todo lo que podría desear un esposo.
Perdóname, amor mío, por no mantener vivo nuestro amor.
Te amo. Feliz día de Resurrección y felices comienzos,
Bill

Las palabras de Bill le dieron a Carole una sensación reconfortante de su presencia después de su partida. Sin embargo, aun cuando estaba vivo, Bill y Carole hablaban con franqueza de su amor mutuo. ¿Lo hacen tú y tu esposa? No esperen hasta que sea demasiado tarde.

Nosotros los esposos haríamos bien si aprendiéramos el lenguaje del amor. Necesitamos practicar al decir «Te amo». Tenemos que expresar esas palabras, pero también debemos hacerlo a través de la sensibilidad hacia nuestra esposa, mediante nuestras acciones y nuestra conversación.

Si salgo a hacer algunas diligencias, por ejemplo, le puedo preguntar a Emilie si hay algo que buscarle mientras estoy fuera. Puedo demostrarle que la escucho apagando el televisor o dejando de lado el periódico. Puedo también demostrarle mi amor con una noche en el teatro, un vestido nuevo, un vale de regalo para ropas, un par de zapatos, un masaje o unas vacaciones de fin de semana en uno de sus retiros preferidos.

Por otro lado, decido mostrar mi amor, diciéndole en voz alta a Emilie: «¡Es solo otra forma de decir "Te amo"!». Los actos de amabilidad como este son maneras poderosas y eficaces de fortalecer tu amistad con tu pareja. Tal solicitud le demuestra a tu cónyuge que no das su amor por sentado.

Nosotros contamos con ciertos rituales y tradiciones a fin de darnos una oportunidad para expresar nuestro amor el uno por el otro. Nos besamos para darnos las buenas noches y decir: «Que Dios bendiga tu sueño». Celebramos nuestro amor en los aniversarios y cumpleaños dándonos pequeños regalos. Nos telefoneamos cuando estamos separados, visitamos uno de nuestros restaurantes favoritos en las ocasiones especiales, salimos a almorzar, vamos al teatro y nos abrazamos. Todas estas cosas, tanto los pequeños actos espontáneos como las actividades planificadas con esmero, son formas de demostrar que nos amamos.

¡Una advertencia! Asegúrate de expresar tu amor en el lenguaje (de palabras y acciones) que tu cónyuge interpretará como amor. ¡Solo porque te sientas amada cuando te invita a cenar fuera no quiere decir que él se sienta amado porque tú hagas lo mismo! Estudia a tu pareja. Descubre lo que le mueve y hazlo. Infórmense de lo que mejor les comunica el amor el uno al otro. ¡Y mantengan los ojos abiertos a los sucesos comunes y rutinarios que les dan la oportunidad de expresar ese amor!

Esfuércense siempre por asegurarse de que su amor es paciente y bondadoso, y que no es envidioso, ni jactancioso, ni orgulloso. Esto es un desafío para toda la vida a fin de desarrollar una expresión mutua de amor semejante al de Cristo.

Jerry y Barbara Cook ofrecen otra manera de decirle a tu cónyuge que le amas.

Te necesito

Te necesito en mis tiempos de fortaleza y en mis debilidades;
Te necesito tanto cuando me lastimas como cuando te lastimo.
Ya no hay opción para lo que compartiremos:

O compartimos toda la vida o seremos personas quebrantadas.
No me casé contigo por necesidad ni porque me necesitaras.
No nos atrajeron los instintos ni el vacío;
Tomamos la decisión de amar.

Sin embargo, pienso que algo sobrenatural sucede en el momento
del pacto matrimonial (o quizá sea natural en realidad).
Un esposo cobra vida; nace una esposa.
Él es todo un hombre antes y después, pero en un momento
determinado se convierte en un hombre que también es esposo;

Es decir: un hombre que necesita a su esposa.
Ella es toda una mujer antes y después.
Entonces, a partir de ahora, lo necesita a él.
Es la misma, pero también ahora es parte de una nueva unidad.

Quizá esto signifique: «Por tanto, lo que Dios juntó».
¿Puede ser que Él haga algo en verdad especial en el «Sí, quiero»?
Tu desesperación es mía aun si no me lo dices.
Aun así, cuando lo dices, es mucho más sencillo para mí;
Y también puedes aprovechar mi fortaleza en esa debilidad[23].

Oración

Padre Dios, quiero que mi esposa sepa que la amo. Enséñame
a ser más franco en cuanto a mis sentimientos. Ayúdame a
ser un estudiante de mi esposa a fin de que sepa qué acciones
y palabras la hacen sentirse amada. Amén.

Tomen medidas

- Haz algo por tu esposa que no te guste, pero que a ella le encante: ver una película romántica, ir de compras mientras pasan tu programa de pelota favorito por la TV.
- Envíale flores.
- Regálale un vale para un masaje.
- Cuida a tus hijos mientras ella asiste a un retiro de mujeres de la iglesia.
- Sal con ella a tomar café y cuéntale cómo te fue en el día.

Lectura adicional

1 Pedro 4:7-11   1 Juan 4:7-21

Hay momentos en nuestra vida tan hermosos que trascienden la tierra y nos anticipan el cielo. Este adelanto de la eternidad me ha aclarado el servicio perpetuo y pleno que debe ser siempre la amistad.

Hellen Keller

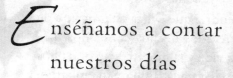

Enséñanos a contar nuestros días

Lectura bíblica: Hebreos 9:11-28

Versículo clave: Hebreos 9:27

> Está establecido que los seres humanos mueran una sola vez, y después venga el juicio.

Mientras éramos novios, Bob tuvo una grave infección de colon y pasó por una serie de pruebas difíciles para ver si el personal de la salud averiguaba cuál era su problema. Habíamos suspendido el anuncio de nuestro compromiso hasta que ambos supiéramos el diagnóstico.

Al fin, llegó el día en que sabríamos cuán grave era la condición de Bob. Como es natural, nuestras mentes volaron hacia lo peor y pensamos que a lo mejor el médico le decía que le quedaba un año de vida. De ser así, ¿cómo reaccionaríamos y cómo viviríamos ese año?

No tuvimos que experimentar esas preocupaciones, porque el personal médico regresó con un informe muy positivo. Con algún medicamento fuerte y un cambio en la dieta desapareció la infección, y a los pocos meses Bob estaba de nuevo en su rutina habitual. Sin embargo, la pregunta crucial de «Si me quedara un año de vida, ¿qué haría?» es buena para que la pensemos todos nosotros. ¿Qué haríamos?

A.W. Tozer escribió una respuesta a este interrogante. Mira a ver si tus pensamientos serían similares a los suyos.

Supongamos que me entero de que solo me queda un año de vida, mis días se reducen a trescientos sesenta y cinco. ¿Qué haría con los preciosos y escasos días que me quedan?

Lo primero es que tendría que llegar a algún tipo de plan de acción conforme a los hechos conocidos. Me refiero a la cuestión de la vida y la muerte, y lo que Dios tiene que decir acerca de ellas en la Biblia. Sin embargo, por mucho que las pase por alto ante la esperanza de una larga vida, con dicha expectativa reducida a un solo año, esos hechos alcanzarían tremendas proporciones. Con el acecho de la muerte, me interesaría poco en cuestiones triviales y me concentraría en las esenciales.

Dejaría de esperar de forma vaga que de algún modo las cosas saldrían bien y me pondría a tratar las realidades. Después de todo, la Biblia dice: «Todos nosotros somos como suciedad, y todas nuestras justicias como trapo de inmundicia» (Isaías 64:6, RV-60). Y «el que cumple con toda la ley pero falla en un solo punto ya es culpable de haberla quebrantado toda» (Santiago 2:10). Sabiendo que «está establecido que los seres humanos mueran una sola vez, y después venga el juicio» (Hebreos 9:27), no descansaré hasta tener la plena seguridad en esos asuntos vitales.

Acudiría a Dios por el camino según sus propios términos. Fue Jesús el que dijo: «Yo soy el camino, y la verdad, y la vida; nadie viene al Padre, sino por mí» (Juan 14:6, RV-60). No sería muy ceremonioso, ni me permitiría inhibirme por las sutilezas de la religión. Pues la Biblia dice: «[Dios] nos salvó, no por nuestras propias obras de justicia sino por su misericordia» (Tito 3:5).

Desearía *saber* que se perdonaron mis pecados, que he pasado de muerte a vida y que Jesucristo es mi Salvador personal. «En ningún otro hay salvación, porque no hay bajo el cielo otro nombre dado a los hombres mediante el cual podamos ser salvos» (Hechos 4:12).

La Biblia sigue diciendo: «Cristo murió por los pecados una vez por todas, el justo por los injustos, a fin de llevarlos a ustedes a Dios» (1 Pedro 3:18). «Él fue entregado a la muerte por nuestros pecados, y resucitó para nuestra justificación» (Romanos 4:25).

Dejaría de lado la apatía, me acercaría con valor a Cristo y me arrojaría a sus pies: «Cree en el Señor Jesucristo, y serás salvo». La Biblia dice: «Porque de tal manera amó Dios al mundo, que ha dado a su Hijo unigénito, para que todo aquel que en él cree, no se pierda, mas tenga vida eterna» (Hechos 16:31, RV-60; Juan 3:16, RV-60). Llegaría a creer que me incluye la promesa del perdón de Dios y vida eterna.

Entonces, como nueva criatura en Cristo, le daría el año que me queda a Dios. Todos los despojos y las pérdidas de los años anteriores me estimularían a hacer del año ante mí un éxito con la bendición de Dios.

Ahora bien, todo esto me parecería bueno y adecuado para que lo haga alguien que solo le queda un año de vida. Sin embargo, como nosotros no sabemos si nos queda un año, un día o diez días, y dado que lo que estaría bien para un año también sería bueno para toda la vida, incluso si esos años fueran muchos, la conclusión es evidente. Nuestro clamor a Dios debiera ser: «Enséñanos a contar bien nuestros días, para que nuestro corazón adquiera sabiduría» (Salmo 90:12).

No sé lo que otros quizá quieran hacer, pero yo quiero poner manos a la obra y vivir como si este año fuera el último. Luego, si Dios me permitiera llegar a una edad avanzada, podría partir sin lamentos.

Si te quedara un solo año de vida, ¿qué harías?[24]

Oración

Padre Dios, enséñanos como matrimonio a contar nuestros días y a vivir cada día, semana, mes o año como si fuera el último. Que podamos reconfirmar nuestro propósito en la vida. Permítenos tener el deseo de vivir de acuerdo a tu propósito para nuestra vida. Que no malgastemos el tiempo sirviéndonos a nosotros mismos. Cuando estemos ante ti algún día, queremos que nos digas: «¡Hiciste bien, siervo bueno y fiel!». Deseamos ser tus siervos. Desafíanos hoy de una nueva manera.

Tomen medidas

- Anoten en sus diarios lo que harían si les quedara un solo año de vida. Coméntenlo entre sí.
- A fin de lograr esas ideas, ¿qué acciones necesitarían llevar a cabo? Comiencen a vivir esos planes. Marquen el calendario para el próximo año a fin de ver cuáles son los resultados.
- Si no tienen un testamento o fideicomiso para ustedes y su familia, contraten a un abogado acreditado y redacten esos papeles.

Lectura adicional

- Lean los distintos versículos del estudio de hoy según los que dio A.W. Tozer.

$\mathcal{S}$abiduría divina en la disciplina

Lectura bíblica: Proverbios 3:11-12; 13:24; 15:13; 17:22; 22:15; 29:15.

Versículo clave: Proverbios 15:13

> *El corazón gozoso alegra el rostro, pero en la tristeza del corazón se quebranta el espíritu* (LBLA).

$\mathcal{S}$er padres es una tarea abrumadora y la manera de disciplinar a nuestros hijos es uno de los aspectos más desconcertantes de la tarea. Por fortuna, como vieron en la lectura bíblica de hoy, el libro de Proverbios contiene algunos versículos específicos que ofrecen buenos principios bíblicos para criar a nuestros hijos.

A menudo sentimos que estamos en una lucha de tira y afloja entre hijos y padres. La tendencia natural es la de tirar la toalla y rendirnos. Con demasiada frecuencia hemos visto a padres que se dan por vencidos en esta tarea de moldear la voluntad de sus hijos de forma amable pero firme, como lo haría un domador de un animal salvaje o un alfarero con la arcilla. En su libro *Cómo criar a un niño de voluntad firme*, James Dobson ofrece esta perspectiva:

> Es obvio que los niños son conscientes de la lucha de voluntades entre las generaciones, y ese es justo el porqué es tan importante la respuesta paterna. Cuando un niño se comporta de una manera irrespetuosa o perjudicial para sí mismo o para otros, a menudo tiene el propósito oculto de verificar la estabilidad de los límites. En gran parte, esta prueba tiene la misma función de un policía

que revisa las cerraduras de las puertas en los negocios
después que oscurece. Aunque trata de abrirlas, espera
que estén bien cerradas y seguras. Asimismo, el niño
que ataca la autoridad amorosa de sus padres encuentra
gran seguridad y tranquilidad cuando su liderazgo se
mantiene firme y seguro. Encuentra su mayor seguridad
en un ambiente estructurado, donde los derechos de las
demás personas (y los suyos) están protegidos por límites
definidos[25].

Hace falta sabiduría piadosa a fin de proveer este tipo de
seguridad. ¿Cómo definimos y mantenemos límites estables?
En primer lugar, debemos destacar que existe una diferencia
entre abuso y disciplina. Proverbios 13:24 dice que si amamos a
nuestros hijos, los disciplinaremos con diligencia. El abuso es
injusto, extremo y degradante. Tal acción no surge del amor,
sino del odio. El abuso conduce a una autoestima dañada que a
menudo dura toda la vida. La disciplina, por otro lado, eleva la
valía del niño y es justa y adecuada para la falta.

Segundo, debemos asegurarnos que el niño comprende la
disciplina que va a recibir. Cuando disciplinábamos a Jenny y a
Brad, pasábamos muchísimo tiempo con ellos conversando
acerca de lo que hicieron y asegurándonos que comprendieran
cuál fue la falta. Sabemos que cada niño es diferente, por eso la
manera de abordar a cada uno será según el conocimiento que
uno tiene de ese niño en particular.

Cuando la situación lo requería, les dábamos nalgadas. Se
aplicaban con firmeza a esas partes musculosas de los glúteos y
no les hacían daño. Aunque las nalgadas eran pocas y espacia-
das, cuando ocurrían, nunca era con enojo. Y después conversá-
bamos de nuevo con los niños sobre el porqué los disciplinábamos y cómo se comportarían de manera diferente en el futuro.

Uno de los principales propósitos de la disciplina en nuestro
hogar era que el niño se diera cuenta de su responsabilidad por
sus acciones y que debía rendir cuentas por su conducta. Como

cada niño es diferente, los métodos disciplinarios variarán según el temperamento. (En nuestra época, no teníamos el «tiempo de descanso». Sin embargo, hemos descubierto que es una excelente técnica y la usamos con nuestros nietos con muy buenos resultados).

Cualquiera que fuera la disciplina aplicada ante la transgresión, siempre terminábamos orando y dándonos cálidos abrazos y palabras reconfortantes. Esta forma de corrección fortalece el espíritu del niño y lo ayuda a conocer los límites. Nuestro amor y preocupación por nuestros hijos y su bienestar creó una motivación más fuerte en ellos de conducirse según las normas de conducta y comportamiento de nuestra familia.

Tercero, cuando disciplinamos a nuestros hijos, deseamos *moldear* su espíritu en vez de *quebrantarlo*. Como enseña Proverbios 15:13, uno puede mirar a los ojos de los niños para ver a los que se han quebrantado o moldeados. Nuestra meta como padres es proveer a nuestros hijos de una orientación sólida y de seguridad en sí mismo que se verá a través de la vida. El niño que se ha moldeado con amor y disciplina firme amará la vida, pero un espíritu quebrantado produce un niño sin esperanza en el futuro.

Cuarto, nuestra disciplina debe ser equilibrada. No queremos ser tan estrictos como para no permitir que nuestros hijos cometan errores, ni tan blandos que los miembros de nuestra familia se estén dando contra las paredes tratando de encontrar sus límites. Los niños deben saber dónde están los límites y cuáles son las consecuencias si deciden sobrepasarlos.

En la Escritura leemos acerca de la disciplina física. El escritor de los Proverbios dice, por ejemplo: «La necedad es parte del corazón juvenil, pero la vara de la disciplina la corrige» (Proverbios 22:15). Por supuesto que ninguno de nosotros quiere correr el riesgo de ser un padre abusador, pero escucha lo que dice el doctor Dobson sobre la importancia de que un niño sea capaz de relacionar el mal con el dolor:

Si alguna vez tu hijo tocara accidentalmente una estufa caliente, puedes estar seguro de que jamás volverá a tocarla intencionalmente. No se convierte en una persona más violenta porque la estufa le quemó la mano; en realidad, por medio del dolor habrá aprendido una valiosa lección. De igual manera, cuando se cae de su silla alta, se golpea violentamente los dedos con la puerta o es mordido por un perro, aprende acerca de los peligros físicos que le rodean en este mundo. Los golpes y magulladuras que recibe durante la infancia son parte del método empleado por la naturaleza para enseñarle qué es lo que debe temer. No dañan su autoestima. No lo convierten en una persona cruel. Simplemente lo familiarizan con la realidad. De la misma manera, unas nalgadas aplicadas adecuadamente por un padre o una madre cariñoso producen los mismos resultados. Le hacen saber que no existen solamente peligros físicos que debe evitar, sino que también debe apartarse de ciertos peligros sociales, tales como el egoísmo, el desafío, la deshonestidad, la agresión no provocada, etcétera[26].

Quinto, al disciplinar a tus hijos, sé coherente en tu enfoque. He aquí algunas pautas:
- Asegúrate de que haya un claro entendimiento de las reglas.
- Disciplina en privado. Si están en público, espera hasta que puedan estar a solas.
- Repasa la falta y sus consecuencias.
- Sé firme en tu disciplina.
- Asegúrale a tu hijo tu amor y preocupación.
- Abraza a tu hijo después de cada momento disciplinario.
- Finaliza tu sesión con un tiempo de oración. (Dale a tu hijo la oportunidad de orar también).

Al volver la vista atrás a los años de la crianza de nuestros hijos, nos damos cuenta de que cometimos muchísimos errores. Sin embargo, cuando los cometíamos, tratábamos de ser los primeros en admitirlo ante nuestros hijos. Por lo tanto, aun cuando a veces se equivoquen, seguirán moviéndose en una dirección adecuada de disciplina administrada con amor. Sus hijos quieren conocer sus límites. El establecimiento y la implementación de límites claros es un regalo de amor para ellos que resulta en seguridad y confianza en sí mismos que les acompañará en la vida.

Oración

Padre Dios, sabes que deseamos para nuestros hijos lo mejor. Danos la paciencia necesaria para conocer a cada uno en forma personal y luego danos la sabiduría para conocer qué clase de disciplina será más eficaz para cada uno. Ayúdanos a ser padres eficientes que enseñamos a nuestros hijos a amarte y servirte. Amén.

Tomen medidas

- ¿Tienen una idea clara acerca del objetivo de la disciplina de sus hijos? Si no es así, dediquen un tiempo hoy para pensar en eso y anotar algunas ideas.
- Comenten estas ideas con su cónyuge.
- Díganle a cada uno de los miembros de su familia que lo aman y denle las razones específicas del porqué lo aman.
- Realicen una encuesta durante la cena. Pregúntele a cada miembro de la familia: «¿Qué es lo mejor que te sucedió hoy?». Esto les dará cierta perspectiva acerca de sus hijos. (Los padres deben participar también).

Lectura adicional

Marcos 12:28-31
Gálatas 5:16

1 Pedro 5:5-6
Colosenses 3:17

¿*C*ómo sucedió?

Lectura bíblica: Gálatas 5:7-10,13-15

Versículo clave: Gálatas 5:7

> *Ustedes estaban corriendo bien. ¿Quién los estorbó para que dejaran de obedecer a la verdad?*

*S*onó el despertador, se encendió la pantalla del televisor, y el locutor empezó a vociferar las noticias matutinas.

«¿Ya amaneció?», gruñó Larry. Se dio vuelta y apretó la almohada contra sus oídos, aunque sabía que no podía sofocar el anuncio de un nuevo día en la carrera de ratas. Enseguida, el aroma a café proveniente de la máquina automática lo empujó hacia la cocina.

Dormir apenas seis horas no había sido la norma durante su crianza, pero alcanzar el éxito a finales del siglo veinte exigía un sacrificio extra a los competidores. Una estrella en ascenso como Larry no podía desperdiciar tiempo durmiendo.

El plato de cereal instantáneo humeaba; el horno microonda, como siempre, le había provisto el desayuno perfecto al ritmo adecuado con los treinta y cinco minutos programados para iniciar el día.

Hundido en su silla, apoyado sobre un codo, Larry advirtió que la pantalla de la computadora brillaba detrás de él. La noche anterior, después del informativo de las once, había ajustado su cuenta bancaria y, cansado por la agotadora jornada, se había olvidado de apagarla.

Su esposa Carol tenía un gratísimo día libre, de modo que seguía durmiendo. Emprendió, entonces, la rutina de despachar los niños a la escuela. Después de dejar a los dos más pequeños en la guardería, siguió solo con Julia, la niña de doce años, que últimamente parecía preocupada. «Papá, ¿sigues queriendo a mamá?», le preguntó. A Larry la pregunta lo tomó desprevenido, pero hacía meses Julia había estado preparándose para hacerla. La vida en el hogar estaba cambiando, y Julia parecía ser la única que apreciaba los cambios. Larry le aseguró que amaba mucho a mamá.

Carol no había planeado volver a trabajar cuando empezó su licenciatura en humanidades. Aburrida del papel tradicional de ama de casa, lo único que buscaba era un poco más de realización personal. Las revistas femeninas de actualidad no asignan honorabilidad alguna al papel de madre y tutora.

Si bien la atención de la familia había satisfecho sus necesidades de autoestima durante muchos años, otras mujeres del vecindario, de la misma edad que ella, parecían llevar vidas fascinantes en el mundo de los negocios. Por eso, no podía sino cuestionar sus valores tradicionales.

«Quizá soy demasiado anticuada, atrasada respecto al ritmo de la época», pensaba.

De modo que empezó a ir a la universidad local durante tres años y medio (dos noches por semana). Una gran inversión de tiempo, sin mencionar el trabajo de casa. Cuando llegó el momento de cruzar el estrado para recibir el diploma, Carol estaba convencida de que la mujer tiene tanto derecho como el hombre a realizarse profesionalmente.

Larry, un tenaz y despreocupado representante de ventas había hecho grandes progresos en su compañía. Tras quince años de perseguir su sueño, fue premiado con el título de vicepresidente de la empresa. Su salario cubría los gastos básicos de la familia, pero tanto él como su esposa querían más de la buena vida.

«He estado pensando en volver a trabajar», le dijo Carol.

Larry no protestó. Su mujer había aportado un ingreso extra como cajera de banco cuando se casaron, y ese dinero les había ayudado a amueblar su nuevo departamento. Pero por mutuo acuerdo, Carol había dejado de trabajar al nacer Julia, y desde entonces siempre habían tenido dificultades para mantenerse dentro del presupuesto.

Si bien su propia madre no trabajaba, Larry sabía que las cosas eran ahora distintas para las mujeres. Aun así, sentía dudas respecto a mandar a sus dos pequeños hijos a una guardería infantil. Pero como siempre el dinero era un problema, simplemente se encogió de hombros y no dijo nada cuando Carol anunció que había empezado a entrevistarse para conseguir un trabajo.

Larry conocía perfectamente los términos del trueque: Más dinero, menos familia. Más familia, menos dinero. Sí, realmente querían la buena vida.

Sus vecinos se habían comprado un yate; Larry se sorprendió al enterarse que podrían adquirir uno pagando solo $328 al mes. Sacrificándose durante cinco meses, juntaron $1.000, los que sumados a los ahorros que tenían, les permitió juntar lo suficiente para dar lo que exigían de pago inicial: $2.500.

A Larry le encantaban los autos. Su buen padre también había sido un enamorado de ellos. Cada vez que un lustroso coche deportivo paraba junto al suyo en un semáforo, a Larry le latía aceleradamente el corazón. Se imaginaba haciendo los cambios de un lujoso modelo importado de Europa. Por casualidad se enteró de que por cuotas mensuales de apenas $423 podía conseguir el vehículo de sus sueños... ¡un auto de carrera, e importado! Nunca antes se le había ocurrido alquilar un auto.

Carol deseaba con ansias pasar unas vacaciones en Hawái; su compañera de tenis de los martes había ido la primavera pasada. Pero no podrían hacer las dos cosas: el auto y las vacaciones.

«Si me ayudas en este proyecto, te ayudaré luego, Carol. ¡Lo prometo!», había dicho Larry, con una amplia sonrisa seductora. Ella recordó cómo esa traviesa sonrisa de niño pequeño había sido lo que la atrajo por primera vez. Él había sido bueno con ella, pensó.

«Está bien, como tú digas», contestó Carol.

Al papá de Larry siempre le habían gustado los Chevrolets. Los gustos de Larry habían evolucionado con el tiempo. Carol soñaba con vivir en una casa de dos pisos, con piscina, pero con las elevadas cuotas mensuales del auto y del yate tuvo que conformarse por muchos años con seguir soñando. Larry estaba esclavizado de doce a catorce horas al día, tratando de encontrar nuevas maneras de ganar más dinero para cumplir el sueño de la casa para su esposa. Cuando ella empezó a trabajar, hicieron números y se sintieron extasiados al comprobar que finalmente podían cumplir esa meta.

La tensión de mantener su casa a flote los desanimaba. Siempre había cuentas para pagar, niños que recoger de la guardería, plazos para cumplir, cuotas a punto de vencer; pero nunca tenían tiempo para disfrutar de lo que habían acumulado.

La letra de una canción de Simon y Garfunkel perseguía a Larry: «Como rata en un laberinto, así es el camino que tengo delante de mí. Y nada cambia, hasta que al fin la rata se muere». Estaba atrapado. Carol sucumbió. Sencillamente, no podía más. Sentía que Larry la había defraudado. Se suponía que él debía ser fuerte. Que debía saber cómo salir adelante. Pero Larry estaba tan confundido como ella.

Cuando el vehículo de mudanza inició la marcha alejándose de la casa, Larry todavía no podía creer que fuese cierto que Carol se estuviera marchando.

Le había dicho que simplemente necesitaba tiempo y espacio para considerar las cosas, que estaba confundida. La pregunta que Julia le había hecho unos meses antes, latía en su cerebro: «Papá, ¿todavía quieres a mamá?». Sí... sí la amaba, ¿pero no sería demasiado tarde? ¿Cómo se le fue todo de las manos?[27]

Estoy seguro de que tienes algo en común con Larry. Es más, quizá hasta Larry te recuerde a ti mismo. Si es así, que te sirva como advertencia. ¡Nadie gana esa carrera de ratas! ¡Nadie!

¿Acaso intentas ganar la carrera de ratas? Si es así, tal vez podrías considerar hacer algunos cambios drásticos antes de que uno de tus hijos te pregunte: «Papá, ¿amas a mamá?», y descubres que no puedes responder «Sí» con sinceridad.

¿Por qué nos enfrascamos en una carrera que no tiene ganadores?

Oración

Padre Dios, deseamos correr esta carrera llamada vida para ti. Aun así, nos cuesta mucho darnos cuenta cómo debemos salir de esta carrera de ratas en la que nos sentimos atrapados. Danos claridad. Ayúdanos a desarrollar las prioridades adecuadas: Tus prioridades para nuestra vida y la de nuestra familia. Ayúdanos a ser el cónyuge que tú quieres que seamos. Danos parejas que nos señalen nuestros puntos ciegos cuando lo vean. Necesitamos rendir cuentas a otro matrimonio piadoso. Amén.

Tomen medidas

- ¿Dónde se ven en la historia de Larry y Carol?
- ¿Cómo nos enredamos en una carrera que no tiene ganadores?
- ¿Qué cambios van a comenzar a hacer hoy?
- Alguna vez se preguntaron: «¿Cómo pasó esto?».

Lectura adicional

1 Corintios 6:12   Eclesiastés 5:10
Romanos 12:1-2   2 Corintios 5:17

Sobrelleva
las cargas de los otros

Los que sobrellevan la cruz deben también sobre-
llevar las cargas de otros. Esto incluye la carga de
la responsabilidad por el pecado, así como
compartir los sufrimientos. ¿Qué lugar hay para la
posibilidad concerniente a la susceptibilidad o la
meticulosidad egoísta de uno que en verdad
sobrelleva las cargas? El perdón es la perspicaz y
serena aceptación de la carga de la responsabilidad.

Elisabeth Elliot

*T*ú eres la creación única de Dios

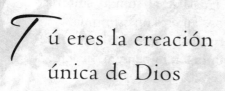

Lectura bíblica: Salmo 139:13-18

Versículo clave: Salmo 139:14

> *¡Te alabo porque soy una creación admirable! ¡Tus obras son maravillosas, y esto lo sé muy bien!*

*E*res especial. En todo el mundo no hay nadie como tú. Desde el comienzo de los tiempos no ha habido otra persona como tú.

Nadie tiene tu sonrisa, nadie tiene tus ojos, ni tu nariz, ni tu cabello, ni tus manos, ni tu voz.

Eres especial. No se puede encontrar a nadie que tenga tu letra.

Nadie en ningún lado tiene tus mismos gustos por la comida, la ropa, la música, ni el arte.

Nadie ve las cosas como tú.

En todas las épocas, no ha habido alguien que ría como tú, ni que llore como tú; lo que te hace llorar o reír nunca producirá idénticas risas y lágrimas en otra persona, jamás.

Tú eres el único de toda la creación que tiene tu particular combinación de habilidades.

Ah, siempre habrá alguien que será mejor que tú en algo en lo que eres bueno, pero nadie en todo el planeta podrá alcanzar la calidad de tu combinación de talentos, ideas, capacidades y sentimientos. Como una habitación llena de instrumentos musicales, alguno quizá sobresalga solo, pero nadie puede igualarse al sonido sinfónico cuando todos tocan juntos. Tú eres una sinfonía.

A través de toda la eternidad, nadie siquiera se parecerá a ti, ni hablará, ni caminará, ni pensará, ni actuará como tú.

Eres especial... eres raro. Y en toda rareza hay un gran valor. Gracias a tu gran valor no necesitas esforzarte por imitar a otros; te aceptarás... sí, celebrarás tus diferencias.

Eres especial y estás comenzando a darte cuenta de que no eres especial por accidente.

Comienzas a ver que Dios te hizo especial con un propósito.

Él debe de tener una tarea para ti que ningún otro puede hacer tan bien como tú.

De los miles de millones de candidatos, solo uno está capacitado, solo uno tiene la combinación perfecta que hace falta.

Y ese eres tú, porque... tú eres especial[28].

Hay alguien en tu vida, tu cónyuge, hijos, quizá necesite escuchar estas palabras hoy. Y es posible que ese alguien sean ustedes como matrimonio. ¿Te das cuenta, como el salmista, que eres «una creación admirable»? ¿Lo saben tus hijos y tu cónyuge?

Durante mucho tiempo en nuestro hogar les hemos recordado a nuestros hijos y a nosotros mismos que somos especiales con un plato rojo que dice: «Tú eres especial». Lo usamos en desayunos, almuerzos, cenas, aniversarios, cumpleaños y otras ocasiones señaladas. Lo hemos usado en casa, en restaurantes, en el parque y en la playa. Quizá esa sea una tradición que podrías comenzar en tu hogar.

Incluso puedes pedirle a todos los comensales que le digan a la persona honrada con el uso del plato el porqué la consideran especial. Dale también una oportunidad a la persona de decir por qué cree ser especial.

Nuestro plato rojo se ha convertido en una valiosa tradición en nuestra familia. Todos necesitamos que nos recuerden de vez en cuando que somos especiales en verdad.

Oración

Padre Dios, ayúdame a darme cuenta que somos tu obra de arte, «una creación admirable» y, por lo tanto, muy especial a tus ojos. Tú nos conocías antes de que nos formáramos. Enviaste a tu Hijo a morir en la cruz por nuestros pecados. Gracias por este amor asombroso y ayúdanos a derramarlo en casa. Permite que nuestra familia sepa lo especial que es para ti y para nosotros. Amén.

Tomen medidas

- ¿Qué tres cosas les hacen únicos?
- ¿Quiénes son como criaturas exclusivas de Dios? ¿Qué les hacen sonreír y reír? ¿Qué les enoja? ¿Qué idiosincrasia tienen?
- ¿Qué cosas les ayudan a relajarse?
- Ahora denle gracias a Dios por hacerlos de esa forma.
- Escriban una nota a un amigo diciéndole por qué es especial para ustedes.

Lectura adicional

Salmo 40:5   Salmo 119:73

Quizá las personas tímidas, indecisas y conflictivas acepten o incluso nos inviten a proveerles para ellas. Es posible que hasta digan «No puedo» cuando en realidad quieren decir: «No quiero hacer público todo lo que necesito» [...] Y las personas en general somos [...] muy vulnerables, en sí, a tal manipulación. Es más gratificante a primera vista decir: «Por supuesto, lo haré por ti» o brindar el siguiente consejo: «Lo que en realidad necesitas hacer es esto...». La respuesta apropiada en tales casos, casi siempre provee mucho menos gratificación inmediata. «Ah, vamos, tú puedes hacerlo [...] Tú lo deseas y eres capaz de tomar decisiones. ¿Qué crees que deberías hacer?» [...] Lo que la gente en realidad necesita es creer en sí misma, confianza en su propia capacidad de ocuparse de los problemas y las oportunidades de la vida.

John Powell

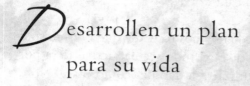

Desarrollen un plan para su vida

Lectura bíblica: Génesis 2:20b-25

Versículo clave: Génesis 2:23

> *Esta sí es hueso de mis huesos y carne de mi carne. Se llamará «mujer» porque del hombre fue sacada.*

En su éxito de ventas *Hablando claro*, Lee Iacocca menciona la importancia de la familia:

> Mi padre me dijo que la mejor manera de enseñar es con el ejemplo. De seguro me mostró lo necesario para ser una buena persona y un buen ciudadano. Como lo expresa el chiste tradicional: «Nadie dijo en su lecho de muerte: "Debí haber pasado más tiempo en mi compañía"». Durante toda mi vida, lo que más me preocupaba era que mis hijos salieran buenos.
>
> La única roca que sé que permanece firme, la única institución que sé que da resultados, es la familia. Me enseñaron a creer en ella... y lo hago. Considero que un mundo civilizado no puede permanecer civilizado por mucho tiempo si sus bases no se construyen sobre la familia. Una ciudad, un estado o un país no puede ser más que la suma de sus partes vitales: millones de unidades familiares. Uno no puede tener una ciudad ni un estado

[nada] que valga la pena [...] a menos que uno mismo domine su vida cotidiana.

Todo comienza en casa[29].

Nuestra lectura bíblica de hoy nos recuerda que Dios mismo estableció la familia. Aunque el mundo secular actual trata por todos los medios de minimizar a la familia como institución, sabemos que cualquier cosa que Dios comience no la abandonará en la historia.

La Biblia es muy clara en su enseñanza de que la mujer se creó para el hombre a fin de que fuera su ayudadora. El hombre y la mujer se diseñaron el uno para el otro. Ese era el plan de Dios. ¿Tienes un plan para tu familia? ¿Han dedicado tiempo tú y tu cónyuge para diseñar un plan maestro para tu familia? ¿Cómo debe ser, qué valores, qué pautas, qué aspiraciones?

El matrimonio hace que el hombre deje a su padre y a su madre y se una a su mujer, convirtiéndose en una sola carne. ¿Es esto lo que les sucedió a ti y a tu cónyuge?

La Escritura declara después: «El hombre y la mujer estaban desnudos, pero ninguno de los dos sentía vergüenza». Uno de los mayores desafíos de la vida es estar desnudos frente a frente, sabiendo que no debemos avergonzarnos porque hemos seguido los planes de Dios para nuestra familia. La desnudez no siempre es física; también incluye la desnudez emocional, espiritual y psicológica.

Es más, debemos seguir los planes de Dios para tener una familia saludable si, como señala el señor Iacocca, queremos sobrevivir como sociedad. Todo comienza en casa, así que hagamos que nuestra meta sea seguir el plan de Dios. Dediquen un momento para escribir en un papel el plan para su vida. Definan una idea principal que les ayude a priorizar los tirones que se presentan en el uso de su tiempo, su dinero y su servicio. Ustedes no pueden hacerlo todo. Establezcan un plan y síganlo.

Oración

Padre Dios, crea en nosotros un anhelo por buscar tu plan para nuestra vida y para nuestra familia. Danos la sabiduría para concentrarnos en lo importante y no desviarnos con las nimiedades. Es sencillo distraernos de tu plan, pero queremos seguir tu plan maestro para nuestra vida. Cuando se acabe la vida, queremos que tú nos digas: «¡Hiciste bien, siervo bueno y fiel!». Ayúdanos hoy. Amén.

Tomen medidas

- Reúnete con tu cónyuge y comiencen a diseñar un plan maestro para su familia en oración.
- Escriban este plan e incluyan metas específicas para cada uno en la familia.
- Comiencen hoy mismo a criar hijos buenos que conozcan al Señor y deseen servirlo.

Lectura adicional

Génesis 18:19

¿Para qué es la vida?

Tú y yo debemos ser sinceros a esta pregunta: ¿Para qué es la vida? Deberíamos ir al grano en la trama de nuestra vida diaria. ¿Qué estoy haciendo? ¿Es mi vida una serie de fechas límite... reuniones... limpieza de escritorio... responder llamadas... pasar de una crisis a otra? ¿Espero ansioso a la parte de la vida que está por delante? ¿A la próxima semana? ¿Al año que viene? ¿Es mi existencia precaria? ¿Es solo una cuestión de «arreglárselas»? [...] ¿Estoy en un contexto de supervivencia? Me pregunto: ¿Cuánto tiempo más toleraré esto?

John Powell

$\mathcal{S}$erán uno

Lectura bíblica: Génesis 2:20b-25

Versículo clave: Génesis 2:24

> *Por tanto, dejará el hombre a su padre y a su madre, y se unirá a su mujer, y serán una sola carne* (RV-60).

$\mathcal{U}$na de las fábulas de Esopo habla de un padre sabio que percibió discordia entre sus hijos y decidió reunirlos para discutir este antagonismo. Le dijo a cada uno de sus cuatro hijos que trajeran una ramita a la reunión.

A medida que los jóvenes se reunían, el padre tomaba cada rama de los muchachos y la rompía con facilidad por la mitad. Luego recogió las cuatro ramitas, las ató en un manojo y le pidió a cada hijo que tratara de romper el manojo. Todos lo intentaron sin resultado. El manojo no se rompía.

Después que cada hijo trató con valentía romper el manojo, el padre le preguntó a sus muchachos lo que aprendieron de la demostración. El hijo mayor respondió: «Si estamos separados, cualquiera puede quebrarnos, pero si permanecemos juntos, nadie puede dañarnos». El padre respondió: «Tienes razón. Siempre deben permanecer juntos y serán fuertes».

Lo que es cierto para los cuatro hermanos también lo es para un esposo y su esposa. Si no permanecemos unidos y permitimos que Dios nos haga ser uno a pesar de nuestras diferencias, seremos vencidos enseguida. Es por eso que, en este pasaje, Dios llama al esposo y a la esposa a la:

- *Partida* («El hombre dejará a su padre y a su madre»).
- *Permanencia* («y se unirá a su mujer»).
- *Unidad* («y serán una sola carne»)

Juntos, estos tres elementos contribuyen a fortalecer al matrimonio. Consideremos primero la unidad.

A los ojos de Dios, nos convertimos en uno en el altar cuando decimos nuestros votos el uno al otro ante Él. Sin embargo, en la práctica, la unidad entre esposos es un proceso que ocurre con el paso del tiempo, durante toda una vida juntos.

Y llegar a ser uno con otra persona puede ser un proceso muy difícil. No es sencillo pasar de ser independiente y centrado en uno mismo a compartir cada aspecto de tu vida y de tu ser con otra persona. La dificultad con frecuencia se intensifica cuando eres mayor y con tus costumbres más arraigadas cuando te casas o, como en el caso de Emilie y yo, cuando los dos integrantes de la pareja provienen de familias con un trasfondo religioso o económico muy distinto.

Emilie, por ejemplo, procede de una familia alcohólica y la crió un padre que la maltrataba de palabras y de manera física. Yo venía de una familia acogedora y amorosa donde no había griterías ni chillidos. Nos llevó solo unos minutos decir nuestros votos y pasar a la unidad a los ojos de Dios, pero hemos tenido que pasar más de treinta y ocho años armonizando nuestras vidas y edificando la unidad que disfrutamos hoy.

Sin embargo, convertirse en *uno* no quiere decir ser lo *mismo*. La unidad significa compartir el mismo grado de compromiso con el Señor y con el matrimonio, las mismas metas y sueños y la misma misión en la vida. La unidad es una conformidad interna de uno con el otro y no una conformidad externa. No se trata de ser como los infantes de marina con sus cabezas rapadas, zapatos brillantes, espaldas derechas y andar característico. La unidad y la conformidad interna de la relación matrimonial vienen con el acto desinteresado de permitirle a Dios que nos modele en el cónyuge que Él desearía que fuéramos. La unidad resulta cuando dos individuos reflejan al mismo Cristo. Tal unidad espiritual produce una tremenda fortaleza y unidad en un matrimonio y en la familia.

Para que ocurra esta unidad, los dos cónyuges deben dejar sus familias y permitir que Dios los haga uno. Los hombres ayudan a que tenga lugar esta unión cuando les *muestran*, no solo les *dicen*, a sus esposas que son su prioridad más importante después de Dios. Asimismo, nuestra esposa necesita decirnos lo importante que somos para ella. Los esposos no pueden estar compitiendo con el padre de su esposa ni con ningún otro hombre para ocupar el primer lugar en su vida. Los hombres deben saber que su esposa los respeta, honra y ama si actúan en su apropiado papel como esposo. Y la clara comunicación de su amor por su esposa fortalecerá el lazo matrimonial y alentará su amor y respeto por él.

Ahora bien, consideren las palabras que Pablo escribió a la iglesia de Filipos: «Haced completo mi gozo, siendo del mismo sentir, conservando el mismo amor, unidos en espíritu, dedicados a un mismo propósito» (Filipenses 2:2, LBLA). Este versículo nos ha sido de guía en nuestra tarea de unir a la familia en propósito, pensamiento y obra. Después de muchos años de pruebas, de errores y de interminables horas de búsqueda, podemos afirmar que estamos en verdad unidos en un propósito y una misma dirección. Si le preguntan a Emilie cuál es nuestro propósito y dirección, su respuesta sería igual a la mía: Mateo 6:33: «Busquen primeramente el reino de Dios y su justicia, y todas estas cosas les serán añadidas». Cuando enfrentamos decisiones, nos preguntamos: «¿Estamos buscando el reino de Dios y su justicia? ¿Hacer esto ayudará a que venga su reino y a que experimentemos su justicia? ¿O estamos buscando nuestra propia edificación o nuestra propia satisfacción?». Estas preguntas nos guían cada vez que tenemos que decidir algo sobre un asunto y esa unidad de propósito hace que nuestro matrimonio resulte.

Larry Crabb señala otra dimensión importante relacionada con la unidad del esposo y la esposa: «La meta de la unidad resulta casi alarmante cuando nos damos cuenta de que Dios no [solo] pretende que mi esposa y yo hallemos nuestras necesidades personales cubiertas en el matrimonio. Él también desea que nuestra relación confirme las declaraciones del cristianismo a un mundo que observa como un ejemplo del poder del amor redentor de Cristo a fin de vencer los efectos divisores del pecado»[30].

Dios nos pide que haya unidad y permanencia en el matrimonio, características que el mundo no valora ni alienta. Sabiendo lo que Dios espera que sea el matrimonio, que partamos, permanezcamos y que lleguemos a ser uno con nuestro cónyuge, nos ayudará a hacer brillar la luz de Dios en un mundo lleno de oscuridad.

Oración

Padre Dios, la lectura de hoy nos ha ayudado a darnos cuenta de que hay varias esferas en nuestra vida donde necesitamos estar más unidos. Muéstranos cómo ocuparnos de la unidad en propósito y espíritu. Ahora te damos gracias por lo que estás haciendo en nuestro matrimonio. Amén.

Tomen medidas

- Fija una cita con tu cónyuge y, cuando estén juntos, escriban cinco cosas en las que están de acuerdo en cuanto a la familia, la disciplina, los modales, los valores, la iglesia, el hogar, etc.
- Al mismo tiempo, anoten cualquier asunto en el que no estén de acuerdo todavía. Manifiesten las diferencias y discútanlas. Pónganse de acuerdo para orar por estas diferencias. Luego fijen una fecha para otra cita a fin de discutir de nuevo estos asuntos.
- Dile «Te amo» de una manera en la que casi nunca lo expresas:

—Llena una caja con forma de corazón con dulces, bombones o una joya.

—Entrégale un vale para un masaje, una limpieza de cutis o un fin de semana de paseo.

—Pide que te traigan leña... ¡y úsala!

Demuéstrale a tu cónyuge que te preocupas cuando le prestas atención a los pequeños detalles.

—En vez de alcanzarle un chicle, quítale también el papel.

—Coloca una flor en su almohada.

—Ofrécete para ayudar con una de las tareas que más le desagrada a tu cónyuge.

—Cámbiate de ropa cuando llegas de la oficina.

—Dile un piropo a tu cónyuge sobre su apariencia.

—Ofrécete a recoger los niños en la guardería.

—Pasa por la tintorería y recoge las ropas.

Lectura adicional

Filipenses 2:2
Mateo 6:33

Mateo 19:3-6
1 Corintios 6:19-20

¿Con qué se entretienen y se informan?

Lectura bíblica: 1 Corintios 6:12-20

Versículo clave: 1 Corintios 6:12

> *«Todo me está permitido», pero no todo es para mi bien.*

No hay influencia mayor que afecte nuestra manera de pensar que los medios. Es lamentable, pero los medios en los Estados Unidos los controlan humanistas seculares, por eso la inclinación de la mayoría del material impreso, los programas, la publicidad y las noticias reflejan una perspectiva secular de la vida.

El humanismo secular tiene el criterio de que el hombre establece sus propios valores morales fuera de cualquier influencia (incluyendo a Dios) y decide por su cuenta su propio destino; es el «artífice de su destino».

El problema con tal visión de la vida es que no tiene absolutos, sino que todo es relativo; carece de punto de referencia eterno. Podemos crear nuestras propias reglas a medida que andamos. Sin embargo, ¿cómo sabemos si la promiscuidad sexual es inmoral o no? ¿Por qué no debemos engañar en los negocios? ¿Por qué la vida familiar se debería valorar más que la profesión?

Ted Koppel, el veterano presentador de noticias de *ABC's Nightline*, en un discurso de graduación en 1987 en la Universidad Duke dijo: «Hemos reconstruido la torre de Babel y es una antena de televisión, miles de voces que producen una diaria parodia de democracia donde la opinión de todo el mundo se considera de igual peso sin tener en cuenta su sustancia ni su mérito. En efecto, incluso se puede proponer que las opiniones de verdadero peso tienden a naufragar sin dejar rastros en el océano de banalidades de la televisión». Este enfoque relativista significa que debemos cuidar nuestra mente con mayor cuidado, porque hay demasiadas ideas excéntricas flotando alrededor.

A través de los medios y los anuncios, que se apoyan con fuerza en las sugerencias subliminales, nos seducen de manera consciente e inconsciente a optar por el estilo de vida de la avenida Madison. El secreto para avivar nuestros ardientes deseos y anhelos se han elevado a un enfoque científico. La meta económica de la televisión es, después de todo, ¡vender productos y servicios!

Quizá nuestro problema sea más poner al descubierto nuestra mente *inconsciente* que nuestra mente consciente. Según lo que dice Wilson Bryan Key en su libro *Seducción Subliminal*:

> La mente consciente discrimina, decide, evalúa, resiste o acepta. La inconsciente, al parecer, solo almacena unidades de información, muchas de las cuales influyen en las actitudes o conducta en el nivel consciente de maneras sobre las que la ciencia no sabe casi nada. La vasta industria de la comunicación se dio cuenta hace mucho de la resistencia a la publicidad que apunta al nivel consciente. Sin embargo, hay muy poca o ninguna resistencia en el nivel inconsciente, adonde parece dirigirse la mercadotecnia.

Como ven, al menos podemos defendernos de alguna manera en el nivel consciente, pero la mayoría de las campañas al consumidor van dirigidas a nuestra mente inconsciente.

Quizá la única manera de superar este dilema es al reevaluar nuestras fuentes de entretenimiento e información. En lo personal, hemos dejado prácticamente de ver televisión y tratamos de leer más libros. Primera Corintios 6:12 nos ofrece un credo valioso para adoptar:

«"Todo me está permitido", pero no todo es para mi bien. "Todo me está permitido", pero no dejaré que nada me domine».

Nuestra preocupación es que a nuestra mente inconsciente la dominen en una esfera donde no tenemos la capacidad como para resistirnos. Nuestra mente inconsciente no tiene muros a su alrededor ni centinela en la puerta.

Mira los anuncios publicitarios de televisión una noche y pregúntate: «Si estos anuncios son ciertos, ¿quién soy y qué soy?». A la vida plasmada en la pantalla le encanta el placer y la sensualidad, no se niega nada, y tiene el derecho a cualquier meta que se imponga. Creo que llegarán a la misma conclusión que yo.

Hace poco Oldsmobile presentó un nuevo modelo del *Cutlass*: nueva estilo de carrocería, tamaño reducido, tracción delantera. Sin embargo, el auto no tiene una gran demanda. Tenemos una teoría con la que coincide el gerente general del concesionario local: Como los cambios en el auto son tan radicales, las personas esperan para comprarlo hasta saber «quiénes» y «qué» son si poseen uno.

En otras palabras, debido a que gran parte de nuestra identidad está ligada al tipo de automóvil que usamos, hace falta una campaña publicitaria que defina quiénes somos y qué somos si conducimos este nuevo *Cutlass*. Como se trata de un auto de buena construcción y diseño, las ventas crecerán tan pronto como se posesione de manera adecuada. Ese es el poder de los medios.

¿Recuerdas a los héroes de tu infancia? Roy Rogers, Gene Autry, Sky King, John Wayne: hombres de aventura, honor y justicia. Los héroes en el horario estelar de nuestra sociedad contemporánea están moldeados por la creativa pluma de los humanistas en bancarrota moral. A decir verdad, creemos que representan un punto de vista minoritario.

Abundan los estupendos ejemplos de logros genuinos, de fe y valor, pero los suplantan los personajes apocados de los dueños de los medios.

¿No desearíamos todos que los modelos para nuestros hijos estén en los sacrificios y las contribuciones de famosos científicos, artistas, pensadores, misioneros, estadistas, constructores y otros héroes y santos? Esos están en el mundo que nos rodean, pero no los vamos a encontrar en los medios[31].

Patrick Morley nos da mucho que pensar en este pasaje de su libro *El hombre frente al espejo*. El poder insidioso de la televisión está destruyendo nuestra vida familiar. Como padres, tenemos que controlar lo que permitimos que entre a nuestros hogares. Llamaríamos a la policía si entrara un ladrón a la casa y se robara algo valioso; pero eso es justo lo que está haciendo la televisión. Como nos lo enseña nuestro versículo clave de hoy, lo que está permitido no siempre es para nuestro bien. Esta es una advertencia a tener en cuenta cuando analizamos el poder de la televisión.

Piensa en la función que cumple la televisión en tu hogar. ¿Son tú o los miembros de tu familia adictos a la televisión? ¿Pueden pasar una semana sin encenderla? Inténtalo y observa lo que sucede. Si andan con los nervios de punta, los temperamentos están que arden y las personas están enojadas, estas pueden ser señales de que dependen demasiado del televisor para entretenerse y escapar. Como padre, toma la iniciativa de mantener a este ladrón del tiempo bajo control. Sé muy selectivo de lo que entra y cuándo lo hace. Bloquea el televisor durante esos tiempos cuando la familia se reúne para las comidas, las conversaciones, las actividades y los deberes.

Oración

Padre Dios, sabes que deseamos lo mejor para nuestra familia. Queremos protegerlos de todo lo que la dañaría o le robaría.

Haz que seamos conscientes de las cosas que nos roban. Danos el valor para ser fuertes en esto y, de ser necesario, apagar el televisor en nuestro hogar. Amén.

Tomen medidas

- Evalúen la cantidad de tiempo que ustedes y su familia pasan mirando televisión. ¿Qué clase de programas ven? Si envían falsos mensajes acerca de la vida, quizá quieran desarrollar un plan alternativo para usar su tiempo con mayor eficacia.
- ¿Qué podrían hacer ustedes y su familia en vez de mirar televisión? He aquí algunas ideas: Ir a ver una obra o un concierto; tener un picnic; ver diapositivas o películas de la familia; leer libros; escuchar buena música; hablar juntos de la vida tanto de cosas cotidianas como generales; dar un paseo; hacer ejercicios; trotar; nadar; etc. Elijan una cosa para hacer este fin de semana y otra para hacer al siguiente.
- ¿Qué pueden hacer para edificar una familia cuando tanto en la sociedad trata de derribarla? ¿Qué actividades pueden planificar?

Lectura adicional

Efesios 4:29   1 Corintios 10:23-24

Diez reglas que dan resultado

Lectura bíblica: Éxodo 20:1-17
Versículo clave: Éxodo 20:8

> *Acuérdate del sábado, para consagrarlo.*

Al observar los grandes éxitos, encontramos ciertas tendencias que se entretejen en una familia, una carrera, un matrimonio, una iglesia o cualquier clase de organización que se eleva por encima de la mediocridad que vemos en la vida diaria. Sam Walton de *WalMart* es un nombre conocido por todo el mundo. Uno de los nombres más reconocibles en la historia de los negocios estadounidenses.

Una cosa notarás si pasas mucho tiempo conversando con Sam sobre el éxito de *WalMart*. Siempre dice cosas como: «Esta fue la clave de todo» o «Ese fue nuestro secreto». Sabe mejor que nadie que no hay ninguna fórmula mágica. Son muchas cosas diferentes las que hacen que el negocio resulte y algún día podrá citarlas todas como la «clave» o el «secreto». Lo que resulta asombroso es que por casi cincuenta años se las arregló para concentrarse en todas ellas a la vez... siempre. Ese es su verdadero secreto[32].

David Glass

En la autobiografía de Sam nos da diez principios que resultaron en su empresa. Al observarlos, podemos transferir estos conceptos a nuestro matrimonio.

1. *Comprométete con tu compañía.* Créelo más que cualquier otra persona. Forja una pasión por esto.

2. *Comparte tus ganancias.* Trata a todos los miembros de la empresa como a socios. Compórtate como un líder siervo dentro de la sociedad.

3. *Motiva a tus compañeros.* Todos los días piensa en nuevas maneras, y más interesantes, de motivar y desafiar a tus compañeros.

4. *Comunica todo lo que te sea posible a tus compañeros.* Cuanto más sepan, más comprenderán.

5. *Valora todo lo que tus socios hagan por la empresa.* No hay nada capaz de sustituir unas pocas palabras de alabanza sincera bien elegidas y dichas a tiempo.

6. *Celebra tus éxitos.* No te tomes demasiado en serio, relájate, diviértete, ríete a menudo y muestra entusiasmo con frecuencia.

7. *Escucha a todos los de la empresa.* Averigua maneras para hacer que hablen los compañeros. Escúchalos cuando lo hagan.

8. *Supera las expectativas de tu cliente.* Respalda todo lo que haces. Los clientes volverán cuando se sientan valorados.

9. *Controla mejor tus gastos que a tu competencia.* Puedes cometer muchos errores distintos y a pesar de eso recuperarte si diriges una operación eficiente.

10. *Nada contra la corriente.* Ve en el sentido opuesto. Pasa por alto la sabiduría convencional. Puedes hallar tu campo de especialización yendo justo en dirección opuesta.

Cuando Dios le dio a Moisés los Diez Mandamientos, los cuales han guiado al hombre civilizado a través de la historia, también nos dejó principios básicos para la gente de negocio que ayudan a estructurar las operaciones de una empresa de éxito. Todos estos principios son útiles para establecer pautas básicas para nuestra vida como cristianos, tanto en los negocios como en nuestra unidad familiar. Desarrollen un plan y comiencen a hacer realidad dicho plan. No anden sin rumbo por la vida en busca de dirección; se puede encontrar con facilidad. Tienen que tomarla y hacerla parte de su vida.

Oración

Padre Dios, permítenos establecer los dos grupos de principios de hoy y hacerlos parte de nuestra vida. Reconocemos que tenemos necesidades espirituales que precisan de tus leyes, y que nuestros negocios y nuestra vida familiar las necesitan también. Los otros principios, inspirados por ti y desarrollados por estos honorables hombres y mujeres de empresa, nos servirán para nuestros negocios y vida familiar también. Ayúdanos a incorporarlos a nuestra vida diaria. Amén.

Tomen medidas

- Repasen los diez principios de San Walton y vean cómo pueden aplicarse para un matrimonio y una vida familiar de éxito.
- En sus diarios, anoten cada principio y enumeren al menos tres actividades que les permitan practicar ese principio que fortalecería su matrimonio y uniría la familia.
- En una ficha anoten estas diez palabras:

> Comprometer
> Compartir
> Motivar
> Comunicar
> Valorar

Celebrar
Escuchar
Superar
Controlar
Nadar

Lleven la ficha con ustedes y péguenla en un tablero de anuncios, en el protector solar del automóvil, en el refrigerador... en cualquier lugar que les ayude a repasar de manera consciente estos principios básicos.

Lectura adicional

Éxodo 23:12   Levítico 26:2
Éxodo 31:13-16   Deuteronomio 6:6-9

Tu cónyuge como amigo

Lectura bíblica: Filipenses 2:1-11

Versículo clave: Filipenses 2:2

> *Haced completo mi gozo, siendo del mismo sentir, conservando el mismo amor, unidos en espíritu, dedicados a un mismo propósito (LBLA).*

En mi pueblo, falleció un desconocido experto en viveros. Se llamaba Hubert Bales y era el hombre más tímido que conociera jamás. Cuando hablaba, se retorcía, parpadeaba con rapidez y sonreía con nerviosismo.

Hubert jamás se movía en círculos de influencia. Cultivaba arbustos y árboles, trabajando con sus manos el terreno heredado de su padre. Era cualquier cosa excepto extravertido.

Sin embargo, cuando Hubert murió, su funeral fue el más largo en la historia de nuestro pueblecito. Había tantas personas que se llenó incluso el balcón de la iglesia.

¿Por qué un hombre tan tímido se ganó el corazón de muchísimas personas? Solo porque, debido a su timidez, Hubert sabía cómo hacer amigos. Dominaba los principios de ser compasivo y por más de sesenta años puso primero a las personas. Quizá porque reconocían que su generosidad de espíritu era un esfuerzo extraordinario para alguien tan retraído, la gente lo amaba a cambio. Por cientos[33].

La amistad es la rampa de lanzamiento para cualquier amor. Se derrama en las demás relaciones importantes de la vida. La amistad es el comienzo de todos los niveles de intimidad (con nuestro cónyuge, nuestros padres, nuestros hijos), con todos los que nos encontremos.

Pocos tenemos el privilegio de sentarnos y expresarle nuestros pensamientos más íntimos a alguien. Nuestra sociedad permite que las mujeres tengan mayor intimidad entre sí que los hombres entre ellos. Las chicas pueden caminar hasta la escuela tomadas de la mano, derramar alguna lágrima y decir sin problemas: «Eres mi mejor amiga y te quiero». Es difícil que los hombres tengan esa clase de acercamiento porque nuestra cultura dice que no es una conducta aceptable para ellos.

Mujeres, por esa razón deben transmitirles a sus esposos con frecuencia cómo tienen que ser tiernos. Él quizá nunca tuvo un modelo adecuado que le mostrara cómo ser un amigo íntimo y amante.

Las investigaciones indican que las personas amistosas viven más que la población en general. Jesús enseñó que el amor y la amistad eran muy importantes y nos dio un nuevo mandamiento en Juan 13:34-35:

> Este mandamiento nuevo les doy: que se amen los unos a los otros. Así como yo los he amado, también ustedes deben amarse los unos a los otros. De este modo todos sabrán que son mis discípulos, si se aman los unos a los otros.

«¿Pero cómo entablo amistades?», te preguntas. Hemos hallado los siguientes principios básicos en el desarrollo de todas las amistades:

- Hagan de las amistades una prioridad principal
- Estén dispuestos a correr el riesgo y a ser transparentes
- Hablen acerca del amor que sienten por cada uno
- Aprendan el lenguaje del amor y muéstrenlo
- Denle espacio a sus amigos para que sean tal cual son

A diferencia del pensamiento más popular, no necesitan ser extravertidos para tener amigos. Como Hubert, en nuestro relato introductorio, pueden ser silenciosos, reservados, introvertidos y aun así tener muchos amigos. Si se preocupan por las personas, háganlo extensivo a su cónyuge, sus hijos, sus padres, la iglesia, sus vecinos, miembros del club y otras personas.

Oración

Padre Dios, permite que aprendamos de verdad a ocuparnos de los demás. Primero, enséñanos a amarte. Sabemos que no podemos amar a otros si no te amamos a ti primero, a nosotros en segundo lugar y a los demás en tercer lugar. Ayúdanos a ocuparnos de nosotros y de las personas más cercanas. A veces nos sentimos mal porque no hacemos lo que sabemos que deberíamos hacer. Cuando estamos enojados con nosotros mismos, nos resulta difícil amar a otros. Deseo que mi cónyuge sea mi amigo especial. Ayúdame a tener un nuevo comienzo hoy. Amén.

Tomen medidas

- Anoten en sus diarios cómo califican su factor de amistad: pobre, insignificante, bueno.
- En sus diarios, anoten las cosas que hacen a fin de mostrar que se preocupan por su cónyuge. Anoten también las esferas que necesitan mejorar.
- Escriban al lado de cada deficiencia dos actividades que les ayudarán a fortalecer esas esferas.
- Comenten con su cónyuge las esferas que desean mejorar. Pídanle que les ayuden a controlar que lo hacen. Revisen cada varios días para ver cómo andan.

Lectura adicional

Efesios 5:21   Proverbios 18:24
Proverbios 17:17   Juan 15:13

$\mathcal{J}$untos es mejor

Lectura bíblica: Mateo 19:1-12

Versículo clave: Mateo 19:5

> *Por esto el hombre dejará padre y madre, y se unirá a su mujer, y los dos serán una sola carne (RV-60).*

Los biólogos de vida salvaje nos dicen que una bandada de gansos, al volar en formación de «V», en sí le añade al menos un setenta y un por ciento más de autonomía de vuelo que si volaran por su cuenta. Cuando cada ave bate sus alas, crea una corriente ascendente para el ave que lo sigue de inmediato. Dejado a su suerte, el ganso solitario experimenta el avance lento y la resistencia que le cansa con rapidez. Cuando el ave guía en la formación se cansa, solo gira hacia atrás en el ala y otro ganso vuela al punto.

Los caballos de tiro experimentan una dinámica similar, aunque no vuelan. Los caballos de tiro se crearon para la tracción. Hace algunos años, en una exposición rural de la región central de los Estados Unidos, el animal campeón tiró de un trineo que pesaba más de dos mil kilos. El animal que obtuvo el segundo lugar tiró mil ochocientos kilos. Entonces alguien propuso aparejar a los dos caballos juntos para ver cuánto podían tirar en equipo. Juntos, ¡tiraron casi cinco mil quinientos kilos!³⁴

¿No deberíamos nosotros como matrimonios con familia dominar este principio básico de la vida: Dos son mejor que uno?

La Escritura nos enseña que debemos ser de:

- una mente
- un cuerpo
- una carne
- un espíritu
- un amor
- una iglesia

- un propósito
- una esperanza
- un Señor
- un Dios
- un mediador
- uno, uno, uno...

Sin embargo, tratamos de andar solos. Esta soledad será nuestra destrucción; el hombre y la mujer no se crearon para estar solos. Debemos apoyarnos unos en las fuerzas del otro a fin de amparar nuestras debilidades.

Cuando Emilie y yo éramos novios, reconocí de inmediato que ella era mucho más fuerte que yo en algunas esferas de la vida. También reconocí enseguida que si combinábamos sus fortalezas con las mías, ambos podíamos ser más fuertes que si cada uno iba por caminos separados.

Para ser uno en el matrimonio, una pareja debe ser fuerte en el Señor. Cuando somos uno en Él, Satanás no puede vencernos.

Oración

Padre Dios, a veces percibimos que andamos por caminos separados. Olvidamos que somos un equipo y que nuestra fortaleza está en la unidad. Gracias por recordarnos hoy que cada uno de nosotros tiene puntos fuertes que se necesitan usar en nuestro hogar, nuestra familia y nuestro matrimonio. Gracias por darme un cónyuge que desea trabajar en equipo. En verdad necesito a mi pareja para ser completo. Amén.

Tomen medidas

- Anoten en el diario los puntos fuertes de su cónyuge. Coloquen una X a esos rasgos que aprecian y que ayudan a fortalecer su matrimonio.

- Analiza y alienta a tu cónyuge para que use los puntos fuertes que no se emplean mucho en su matrimonio.
- Como pareja, consideren las esferas de debilidad que necesitan fortalecer a fin de convertirse en una unidad mejor. Corran el riesgo y sean transparentes en esas esferas.

Lectura adicional

Mateo 19:5   Efesios 4:4
Juan 10:30

Bendeciré al Señor

Lectura bíblica: Salmo 34:1-7

Versículo clave: Salmo 34:1

> *Bendeciré al SEÑOR en todo tiempo; mis labios siempre lo alabarán.*

El 8 de noviembre de 1994, Scott y Janet Willis y seis de sus hijos viajaban por la autopista interestatal 94 cuando cayó un soporte de un camión que perforó el tanque de gasolina de su furgoneta, provocando un incendio y una explosión que al instante cobró la vida de cinco de sus hijos y el fallecimiento del sexto más tarde. Janet y Scott se salvaron porque estaban sentados delante y las llamas no los afectaron.

Cuando el relato circuló en los medios, todos los que escuchaban de su fe en Dios, su inmenso amor por sus hijos y la compasión llena de gracia que sentían hacia el conductor del camión, se conmovieron con esta pareja extraordinaria. Mientras oraba por su situación, seguía recordando el dulce y pacífico rostro de Janet. Siéntate con nosotros mientras esta humilde mujer nos muestra algunos de sus pensamientos.

«Los niños y yo dormíamos en la furgoneta cuando ocurrió el accidente. Scott me ordenó que saliera del vehículo. Para hacerlo, tuve que introducir las manos en las crepitantes llamas a fin de quitarme el cinturón de seguridad. Luego me arrojé por la puerta con el vehículo todavía en movimiento. ¡Todo era una locura! Terminé al costado del camino, de rodillas clamando: "¡No, Dios, mis hijos no, no, no, no!". Scott se me acercó y dijo: "Fue rápido. Están con el Señor. Janet, para esto nos han preparado".

Me di cuenta de que le decía "no, no, no" a Dios mientras mis hijos traspasaban las puertas del cielo. Le decía "no, Dios" a la única cosa que en definitiva más deseaba para nuestros hijos: que estén para siempre con Dios. Me obligué a repetir el Salmo 34: "Bendeciré al SEÑOR en todo tiempo"».

Dios los había estado preparando para este momento. Todas las enseñanzas, toda la preparación de las promesas, toda la fibra espiritual que Él había inculcado en ellos fue lo que hizo que Scott y Janet Willis permanecieran unidos.

Janet dijo: «Nos arrojamos en la gracia de Dios»[35].

¡Qué ejemplo tan extraordinario de una pareja que vive el evangelio! En verdad han captado toda la esencia de la vida cristiana. Comprenden por qué estamos en este mundo. Como lo sabía Pablo cuando le escribió a la iglesia en Corinto: «"Te basta con mi gracia, pues mi poder se perfecciona en la debilidad" [...] porque cuando soy débil, entonces soy fuerte» (2 Corintios 12:9-10).

¡Ah, si nosotros en la iglesia de hoy al menos llegáramos a entender el concepto de que nos basta con la gracia de Cristo y que es todo lo que necesitamos! Hay gran paz en el reconocimiento y la aceptación de que nos basta la gracia de Dios al permitirle a Él ser fuerte en nuestros períodos de debilidad. Como seres humanos, deseamos ser fuertes y no permitimos que Él lo sea por nosotros. Sin embargo, Él es todo lo que necesitamos.

Oración

Padre Dios, cómo me duele el corazón por esta familia que ha perdido tanto. No puedo siquiera comenzar a imaginar el dolor asociado con tal tragedia. Gracias por darnos un modelo que refleja un poderoso entendimiento de tu gracia. Permite que como matrimonio nos aferremos a tu suficiencia en nuestra vida. Que durante nuestras debilidades lleguemos a depender de tu poder y fortaleza cada vez más, y no en la nuestra. Gracias por estar ahí cuando te necesitamos. Amén.

Tomen medidas

- Gracias Dios por la salud y la seguridad de nuestra familia.
- Díganle a cada uno en la familia que lo aman. Escríbanle una nota expresándoles su amor por ellos.
- Como matrimonio, analicen cómo serían capaces de soportar una tragedia similar en su vida. ¿A ustedes les basta la gracia de Dios?

Lectura adicional

Romanos 8:28
1 Corintios 1:25-31
Romanos 16:20

Santiago 4:6
2 Corintios 12:9-10

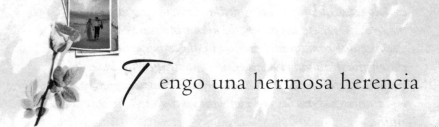

Tengo una hermosa herencia

Lectura bíblica: Salmo 16:1-11

Versículo clave: Salmo 16:6

> *Las cuerdas me cayeron en lugares deleitosos, y es hermosa la heredad que me ha tocado (RV-60).*

«La mayoría de los herederos solo quieren el dinero, no las reliquias de familia, ni tesoros, ni las Biblias. El pasado no significa nada para ellos, tampoco el futuro. No importa cuánta educación tengan, son unos bárbaros. El bárbaro moderno quizá sea un graduado de la universidad, un científico, un artista, una persona prominente y rica, pero es alguien que no respeta el pasado, que no tiene raíces, ni preocupación alguna por el futuro. Si recibe una herencia, quiere liquidarla, convertirla en efectivo. Las personas sin raíces viven vidas desarraigadas»[36].

Creo que uno de los motivos por lo que nos gusta tanto nuestra casa granero de campo es porque se identifica con los recuerdos del pasado. Logramos revivir el trabajo duro y sudoroso que tuvo lugar antes de nosotros. Nuestra casa nos permite decorarla también con algunas de las antigüedades de toda la vida de años pasados. Se siente la rusticidad de la madera, las ventanas, las puertas y el viejo sicómoro, el olmo y el fresno traen frescor en los calurosos días de verano; experimentamos la frescura del pasado.

Stub Weber, en su libro, *Locking Arms*, declara:

La herencia importa. La gente necesita huellas claras y constantes a seguir. Es por diseño divino. Estamos ligados a personas que han transitado el largo sendero antes que nosotros. Estamos ligados a los que vienen detrás. Hace poco tiempo, Dios mismo dejó huellas humanas claras en el polvo de nuestro pequeño mundo, huellas muchísimo más indelebles que las dejadas por los astronautas del Apolo en la luna carente de aire. La memoria es el gran aliento del espíritu y la vida, de la conexión. Y la repetición del pasado es una práctica sagrada. Establece el curso actual. Da perspectiva[37].

El año pasado tuvimos el placer de estar en Abilene, Tejas, en un seminario. Nos tomamos un día más para ir hasta Hawley, donde nació Bob y luego proseguimos hasta la granja de su abuelo en Anson. Condujimos hasta el campo por primera vez en cuarenta y cinco años. Mientras nos acercábamos, podía ver que innumerables recuerdos destellaban ante los ojos de Bob. Enseguida retrocedió en el tiempo para contar los recuerdos del pasado. Hacía tiempo que derribaron los edificios, pero me acompañó hasta el lugar en el que estaba la casa, el sótano, el establo y los campos por donde deambulaban los caballos. Por primera vez pude observar con mis propios ojos lo que mi esposo me había contado durante nuestra vida de casados. Tomamos fotografías para captar los hermosos recuerdos de aquel lugar e incluso Bob se trajo un viejo ladrillo de los cimientos.

En esta época, cuando las familias se mudan y no logran echar raíces profundas, necesitamos dedicar el tiempo para contarle a nuestra familia los elementos de nuestra herencia. Lo que sucedió antes de nosotros es muy importante para los que estamos hoy. A nuestros nietos les encanta sentarse en nuestro regazo y examinar los álbumes de fotos que conservamos por años. «Este era el bisabuelo, esta es la tía María, este es el primo Terri». Cada uno de nuestros nietos tiene su propio álbum desde el día en que la mamá fue embarazada al hospital y regresó a casa con un precioso hijo de Dios. Nos ruegan que les contemos historias una y otra vez de cuando eran bebés.

¿Están forjando una hermosa herencia para sus hijos? ¿Ellos volverán la vista atrás y dirán que vivieron grandes experiencias mientras crecían? ¿Saben quiénes son? ¿Pueden reconocer a los pilares de la familia? Si no es así, les animamos a que transmitan esos tesoros de todos los tiempos para que logren saber de dónde vienen.

Como David termina el Salmo 16: «Me has dado a conocer la senda de la vida; me llenarás de alegría en tu presencia, y de dicha eterna a tu derecha» (versículo 11).

¿Para su familia lo principal es lo primero y lo secundario es lo segundo? A medida que se acerca su hora de estar con Dios en el cielo, ¿han dejado huellas profundas para que sigan los que se quedan atrás? Si no, comiencen hoy mismo. Comiencen a vivir con un propósito.

Oración

> *Padre Dios, gracias por darnos una hermosa herencia, una que ha sido fácil de seguir porque las huellas que dejaron tus seguidores fueron muy claras y conducen por el buen camino. ¿Fueron perfectas? No, pero tenían la firmeza que me conduce hacia ti. Sé que hay quienes tienen un pasado turbulento. No desean seguir las huellas que plantaron antes que ellos. Por favor, dales a esas personas el valor y la abundancia de fe en ti para que tengan un nuevo comienzo. Te doy gracias por tu Palabra que ilumina mi camino. Gracias por todo lo que hiciste en el pasado y todo lo que sigues haciendo en mi vida. Amén.*

Tomen medidas
- En su diario, anoten cosas específicas de su hermosa herencia.
- Escriban algunos grandes recuerdos que tengan de su abuelo, su abuela, una tía o un tío que influyeron en su vida.

- Esta noche, durante la cena, permitan que cada miembro de la familia cuente algún momento emocionante del pasado.
- Si todavía no lo han hecho, comiencen a armar un álbum de fotografías de cada miembro de su familia.

Lectura adicional

Juan 3:16   Malaquías 2:5

Promesas bíblicas para matrimonios

- Mis queridos hermanos, tengan presente esto: Todos deben estar listos para escuchar, y ser lentos para hablar y para enojarse; pues la ira humana no produce la vida justa que Dios quiere.

  Santiago 1:19-20

- El que cree en el Hijo tiene vida eterna; pero el que rechaza al Hijo no sabrá lo que es esa vida, sino que permanecerá bajo el castigo de Dios.

  Juan 3:36

- Den, y se les dará: se les echará en el regazo una medida llena, apretada, sacudida y desbordante. Porque con la medida que midan a otros, se les medirá a ustedes.

  Lucas 6:38

- El Señor mismo instruirá a todos tus hijos, grande será su bienestar.

  Isaías 54:13

- El Señor es mi roca, mi amparo, mi libertador; es mi Dios, el peñasco en que me refugio. Es mi escudo, el poder que me salva, ¡mi más alto escondite!

  Salmos 18:2

- Manténganse libres del amor al dinero, y conténtense con lo que tienen, porque Dios ha dicho: «Nunca te dejaré; jamás te abandonaré».

  Hebreos 13:5

- Porque el Señor disciplina a los que ama, como corrige un padre a su hijo querido.

  Proverbios 3:12

- Pon tu esperanza en el Señor; ten valor, cobra ánimo; ¡pon tu esperanza en el Señor!

  Salmo 27:14

- Él fortalece al cansado y acrecienta las fuerzas del débil.

  Isaías 40:29

- Aun si voy por valles tenebrosos, no temo peligro alguno porque tú estás a mi lado; tu vara de pastor me reconforta.

  Salmo 23:4

- Porque el Señor tu Dios está contigo; él peleará en favor tuyo y te dará la victoria sobre tus enemigos.

  Deuteronomio 20:4

- Les escribo estas cosas a ustedes que creen en el nombre del Hijo de Dios, para que sepan que tienen vida eterna.

  1 Juan 5:13

- Porque por gracia ustedes han sido salvados mediante la fe; esto no procede de ustedes, sino que es el regalo de Dios.

  Efesios 2:8

- Pues Dios no nos ha dado un espíritu de timidez, sino de poder, de amor y de dominio propio.

  2 Timoteo 1:7

- Esto es lo que pido en oración: que el amor de ustedes abunde cada vez más en conocimiento y en buen juicio.

  Filipenses 1:9

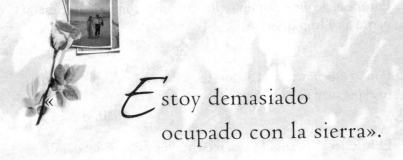

«*E*stoy demasiado ocupado con la sierra».

Lectura bíblica: Éxodo 20:8-11
Versículos clave: Éxodo 20:9-10

Trabaja seis días, y haz en ellos todo lo que tengas que hacer, pero el día séptimo será un día de reposo para honrar al SEÑOR tu Dios. No hagas en ese día ningún trabajo.

*E*n *Los siete hábitos de la gente altamente efectiva*, el autor Steven R. Covey relata una historia que refleja la necesidad para el descanso, la renovación y el despertar en nuestra vida.

Supongamos que ves a un hombre en el bosque serrando un árbol de una manera febril.

—¡Te ves exhausto! —exclamas—. ¿Cuánto tiempo llevas haciendo esto?

—Más de cinco horas —responde—, y estoy agotado. Esto es duro.

—Quizá podrías tomar un descanso por unos minutos y afilar la sierra. Entonces el trabajo iría más rápido.

—No tengo tiempo —dice con énfasis—. Estoy demasiado ocupado con la sierra.

Afilar la sierra significa renovarnos en los cuatro aspectos de nuestra naturaleza:

Físico: ejercicio, alimentación, control del estrés;
Mental: leer, pensar, planificar, escribir;
Social / Emocional: servicio, empatía, seguridad;
Espiritual: lectura, estudio y meditación espiritual
   A fin de ejercitarse en todas estas dimensiones necesarias, debemos ser previsores. Nadie puede hacerlo por nosotros ni lograrlo con urgencia por nosotros. Debemos hacerlo por nuestra cuenta[38].

¿Te identificas con ese hombre del bosque? Nosotros sí. Sabemos lo difícil que es dejar de serrar aun cuando reconocemos que tomar un descanso nos ayudará a regresar más fuertes a nuestras tareas. Y es probable que ustedes sean como nosotros. Hemos aprendido a tomar algunos descansos y ustedes también pueden hacerlo.

En la sección de «Tomen medidas», hallarán algunas ideas para llevar a cabo cuando dejen de serrar, y algunas quizá les parezcan tan buenas que le ayudarán a dejar la sierra a un lado. Cuando lo hagan, cuando dediquen un tiempo a renovarse, estarán mejor capacitados para enfrentar las demandas y las cuestiones estresantes de la vida.

Como todos sus mandamientos, el mandato de Dios de guardar el día de reposo, para tener un tiempo de descanso, es para su propio bien. Si están cansados y hastiados, y tal vez hasta teman lo que podría pasar si dejan a un lado la sierra, si están tensos, nerviosos e irascibles, están listos para una renovación. Corran el riesgo y observen lo que sucede.

Oración

Padre Dios, con frecuencia estamos abrumados por todas las cosas que tenemos que hacer. A veces sentimos que no tenemos tiempo para dejar de serrar. Llevar una vida equilibrada parece ser una meta inalcanzable. Ayúdanos. Enséñanos la moderación. Muéstranos un nuevo equilibrio. Amén.

Tomen medidas

- Abajo encontrarán varias sugerencias de las cosas que pueden hacer para hallar un refrigerio. Por lo tanto, corran el riesgo. Dejen de serrar y vean cómo es vivir una vida más equilibrada.

Física

- Contraten un masajista profesional o tomen una sauna o baño de vapor.
- Ejercítense con regularidad caminando, corriendo, jugando al tenis, nadando, etc.
- Lean un libro sobre nutrición y comiencen a cambiar sus hábitos alimenticios.
- Tomen una clase de control del estrés.
- Den una caminata por la playa, junto al lago o por un sendero de montaña.
- Planten un jardín.
- Caminen o corran bajo la lluvia.
- Sirvan como voluntarios en una entidad o asociación civil relacionada con la salud.
- Ayuden a un amigo necesitado.

Mental

- Escuchen buena música.
- Lean un buen libro o revista.
- Busquen un lugar para meditar y reflexionar.
- Pasen algún tiempo a solas.
- Escríbanle una carta a un viejo amigo.
- Escriban algunas metas para los próximos tres meses.
- Matricúlense en algún curso en la universidad local.
- Piensen en posibles cambios en su vida.
- Hagan una lista de las cosas por las que están agradecidos.
- Aprendan a tocar un instrumento.
- Memoricen un pasaje favorito de las Escrituras.

Social / Emocional

- Tengan un buen llanto (sí, ustedes hombres también pueden llorar).
- Desayunen o almuercen con un amigo.
- Pasen un día haciendo algo que les gusta.
- Pasen juntos un tranquilo fin de semana solo para reagruparse. Elijan algún lugar cercano. Eviten manejar grandes distancias.
- Visiten un amigo.
- Entablen una nueva amistad.
- Sirvan como voluntarios en la escuela, el hospital o la iglesia.
- Ayuden a un amigo en necesidad.

Espiritual

- Lean los Salmos
- Mediten en las Escrituras. Lean un pasaje corto y mediten un largo rato y con detenimiento en lo leído.
- Lean un libro de un escritor cristiano.
- Únanse a un estudio bíblico para parejas.
- Visiten a alguien en el hospital o un hogar de ancianos.
- Examinen su motivación (¿te sirves a ti mismo o sirves a los demás?)
- Escuchen buena música inspiradora.
- Ahora agreguen sus propias ideas a las cuatro listas. Aprendan a descansar y a ocuparse de ustedes. Dios mismo conoce la importancia del descanso. Él nos dio el día de reposo y nos pide que seamos buenos administradores del cuerpo, la mente y el espíritu que nos dio. Es más que adecuado ocuparse de uno mismo... ¡es esencial!

Lectura adicional

Mateo 22:36-40   Éxodo 20:2-18

No pienses que el amor, a fin de que sea genuino, tiene que ser extraordinario. Lo que necesitamos es amar sin cansarnos [...] Sé fiel en las pequeñas cosas porque en ellas radica tu fortaleza.

Teresa de Calcuta

El requerimiento mínimo diario de un adulto

Lectura bíblica: Efesios 2:4-9

Versículos clave: Efesios 2:8-9

> *Porque por gracia ustedes han sido salvados mediante la fe; esto no procede de ustedes, sino que es el regalo de Dios, no por obras, para que nadie se jacte.*

Hace varios años un joven estudiante de la universidad preguntó: «Como cristiano, ¿cuánta cerveza puedo tomar?». Otros preguntaron:

- ¿Cuánto tiempo tengo que leer la Biblia cada día?
- ¿Cuánto tiempo debería orar todos los días?
- ¿Cuánto dinero tengo que dar a la iglesia?
- ¿Tengo que cantar en el coro para ser un buen cristiano?
- ¿Cuántas veces a la semana debo estar en la iglesia?
- ¿Tengo que _____, _____, _____?

La lista es interminable. Todos deseamos saber cuál es el requerimiento mínimo diario de un adulto para ser un cristiano. ¿Qué debemos hacer en realidad, día tras día, para lograrlo?

Estamos interesados en los requerimientos nutricionales diarios cuando se trata de nuestra alimentación. ¿No deberíamos estar preocupados cuando se trata de nuestro andar cristiano y nuestra salud espiritual? ¡Por supuesto! ¡Solo tiene sentido que deseáramos saber cuánto debe orar un cristiano, cuánto tiempo debe leer la Biblia, cuánto dinero debe poner en la ofrenda, en cuántas actividades debemos participar cada semana, etc., etc., etc.!

Pablo se refiere a estos asuntos muy básicos en su carta a los efesios. Declara con mucha claridad: «Porque por gracia ustedes han sido salvados mediante la fe; esto no procede de ustedes, sino que es el regalo de Dios, no por obras, para que nadie se jacte» (versículos 8-9). En otras palabras, Cristo nos ha libertado de la esclavitud del requerimiento mínimo diario del adulto. Nuestra relación con el Señor Jesús no depende de las obras; es un don de la gracia.

«Entonces, ¿no hago nada como cristiano?», te preguntas. «¿No hay ningún requerimiento?» Las Escrituras nos desafían a ser como Cristo, y si hacemos eso, necesitamos abrir la Biblia y aprender cómo vivió Jesús. Cuando lo hacemos, vemos que Jesús

- Estudiaba la Palabra de Dios
- Pasaba tiempo con los creyentes
- Oraba con regularidad
- Servía a los necesitados que le rodeaban

Cristo no hacía estas cosas porque se lo dijeran. Las hacía porque quería. Las hacía por amor.

Por lo tanto, ¿cuál es su requerimiento mínimo diario como adultos cuando se trata de la salud espiritual? Eso lo determinará el amor. Así que permitan que su amoroso Dios les guíe a través del día y permitan que su amor por Él moldee su estudio bíblico, su tiempo de oración, su ofrenda y cualquier otra participación en la iglesia. Su caminar será distinto al de los demás. Esto está bien cuando están seguros de que están haciendo lo que Dios quiere que hagan.

Oración

Padre Dios, ayúdanos a no preocuparnos por «cuánto tiempo» o «con qué frecuencia» cuando tratamos de vivir una vida que te agrade. Pon en nuestras almas un fuerte deseo para pasar tiempo contigo hoy en oración y estudio, no porque estemos haciendo lo que «debemos», sino porque te amamos y queremos conocerte mejor. Y en esos momentos de quietud, permite que el tiempo se detenga y ayúdanos a olvidar nuestros horarios, compromisos y presiones mientras te adoramos. Amén.

Tomen medidas

- Anoten las cosas que hacen porque «deben», pues consideran que son requisitos para ser cristianos. Tachen las cosas que hacen de una manera gozosa sin un sentido de obligación.
- ¿Por qué siguen haciendo esas cosas que quedan en la lista? Tachen cualquier otra cosa que hagan porque «deben» en lugar de hacerlo por amor a Dios.
- Ahora anoten solo esas actividades que quieren hacer debido a que aman al Señor y quieren ser más como Cristo. Tal vez no cambien sus listas con esta instrucción, pero ahora las cosas están anotadas porque quieren hacerlas más que porque sientan que deberían hacerla. En pocas palabras, están aprendiendo a vivir por gracia, no por la ley.

Lectura adicional

1 Corintios 1:4-8   Efesios 6:10
2 Timoteo 1:9-10   Santiago 4:6
2 Corintios 12:9

Armonía en el hogar

Lectura bíblica: Efesios 3:14-21

Versículos clave: Efesios 3:17-19

> *Pido que, arraigados y cimentados en amor, puedan comprender, junto con todos los santos, cuán ancho y largo, alto y profundo es el amor de Cristo; en fin, que conozcan ese amor que sobrepasa nuestro conocimiento, para que sean llenos de la plenitud de Dios.*

Un viajero en Alemania vio una escena poco común en el mesón donde se detuvo a cenar. Después de la comida, el mesonero colocó un gran plato de sopa en el piso y chifló con fuerza. A la habitación entró un perro enorme, un gato grande, un viejo cuervo y una rata inmensa con una campana en el cuello. Los cuatro fueron hasta el plato y, sin molestarse entre sí, comieron juntos. Una vez que comieron, el perro, el gato y la rata se acostaron frente a la estufa, mientras que el cuervo saltaba por la habitación. El mesonero había entrenado bien a esos animales. Ninguno de ellos intentó hacerle daño a los demás. El comentario del viajero fue que si un perro, un gato, una rata y un ave pueden aprender a convivir con gusto, los niños, incluso los hermanos y hermanas, deberían de ser capaces de hacerlo también.

Es triste, sin embargo, que las familias se caractericen con demasiada frecuencia por la falta de armonía. Cuando ese es el caso, haríamos bien en modelar nuestras oraciones por nuestra familia según las Palabras de Pablo en la lectura de hoy. Las cosas por las que ora pueden llevar armonía al hogar.

• Oren para que todos en su familia estén «arraigados y cimentados en amor» (versículo 17). El amor de Dios puede ayudarnos a ser pacientes y amables los unos con los otros. El amor de Dios no tiene envidia, no es jactancioso, ni orgulloso. Su amor no es rudo, ni egoísta, ni se enoja con facilidad, ni guarda rencor. Además, todo lo disculpa, todo lo cree, todo lo espera y todo lo soporta (véase 1 Corintios 13:4-7). ¿No es este el tipo de amor que desean en su familia? Entonces pídanle a Dios que llene su hogar y sus corazones con su amor.

• Oren para que todos en su familia sean capaces de «comprender [...] cuán ancho y largo, alto y profundo es el amor de Cristo» por ellos (versículo 18). Conociendo el amor inconmensurable de Cristo por nosotros, sabiendo que nos ama tal como somos, sabiendo que Él nos hizo especiales y únicos y sabiendo que Él murió por nuestros pecados, tenemos la capacidad de amarnos los unos a los otros. Dios quiera que los miembros de su familia comiencen a comprender la grandeza del amor de Cristo por ellos, tanto en forma individual como colectiva, de modo que puedan amarse unos a otros con mayor libertad.

• Oren para que todos los miembros de su familia «conozcan ese amor que sobrepasa nuestro conocimiento» (versículo 19). Debido a nuestras limitaciones humanas, tal como son, no podemos comprender a plenitud el amor de Dios por nosotros, un amor que permitió que Jesús muriera por nosotros. El amor de Dios va más allá de nuestro conocimiento del amor humano. Sin embargo, aceptar este amor por gracia nos ayuda a vivir el evangelio en nuestra vida y en nuestra familia.

- Oren para que todos los miembros de su familia «sean llenos de la plenitud de Dios» (versículo 19). Todos los días leemos la Palabra de Dios, aprendemos más acerca de su paciencia, misericordia, perdón, gozo, justicia, bondad, compasión... la lista no tiene fin. ¿Se imaginan si cada uno en su familia estuviera lleno de estas cualidades? ¡Qué maravilloso lugar sería su hogar! ¡Y de esto se trata esta oración!

Es difícil imaginar una oración más relevante por su familia que estas líneas del apóstol Pablo. Hagan de la oración de Pablo por los creyentes en Éfeso su oración por ustedes y su familia, y luego observen la obra de Dios para traer armonía a su hogar.

Oración

Padre Dios, conoces las tensiones en nuestra familia y sabes dónde fallamos al amarnos los unos a los otros. Te rogamos de forma encarecida que obres en nuestros corazones a fin de arraigarnos y cimentarnos en tu amor. Ayúdanos a cada uno a darnos cuenta de cuán ancho y largo, alto y profundo es tu amor por nosotros. Te pedimos esto juntos y por nuestra familia, de modo que te glorifiquemos en nuestro hogar. Amén.

Tomen medidas

- Asegúrense de decirle hoy a cada uno en su familia que le aman.
- Luego hagan algo para mostrarle a un miembro de su familia que le aman.
- Los abrazos son terapéuticos. Sus familiares serán mejores al expresar amor si reciben al menos un abrazo diario. ¡Póngalo en práctica!

Lectura adicional

Efesios 4:29   Proverbios 24:3-4
Santiago 1:22-23   Santiago 2:15-17

No permitas que lo que no puedes hacer interfiera
con lo que puedes hacer.

John Wooden

Conozcan a sus hijos

Lectura bíblica: Proverbios 22:1-16

Versículo clave: Proverbios 22:6

> *Instruye al niño en su camino, y aun cuando fuere viejo no se apartará de él (RV-60).*

Cuando observamos a nuestros nietos Christine, Chad, Bevan, Bradley Joe II y Weston Vaughn, vemos a cinco personas únicas y nos enfrentamos con el desafío de tener que comprender a cada uno a fin de ayudarlos a modelar un carácter piadoso. Por fortuna, todos quieren que les conozcan. Es más, cada uno de nosotros, sin importar la edad, desea que las personas dediquen un tiempo a conocernos, a apreciar en qué nos diferenciamos de los demás y a reconocer lo que nos gusta y nos disgusta, y las cosas acerca de nosotros que nos hacen ser lo que somos.

En la crianza de nuestros hijos, Emilie y yo descubrimos muchísimas diferencias entre Jenny y Brad, y esas diferencias perduran. Al reconocer esas diferencias temprano, nos dimos cuenta de que teníamos que enseñarles, motivarles y disciplinarles de acuerdo a su personalidad. Dios nos ayudó a comprender que a los niños hay que instruirlos en cierto modo a la medida en forma particular.

La primera palabra del versículo clave de hoy es «instruye». En hebreo, al principio, esta palabra hacía referencia al cielo de la boca y a las encías. En los tiempos bíblicos, la partera introducía un dedo en una sustancia dulce y luego lo colocaba en la boca del bebé para que succionara. Entonces entregaba el niño a su madre y este comenzaba a mamar. Esa era la manera primitiva de «instruir». Necesitamos considerar, no obstante, que la palabra «niño» en este versículo de hoy puede ser desde un recién nacido hasta una persona en edad de casarse. El truco para conseguir la succión del niño era solo el primer paso en un largo período de instrucción.

Y, según el versículo, el valor de esta instrucción es tal que «aun cuando fuere viejo no se apartará». En hebreo, esta palabra «viejo» significa «con barba». Salomón se refiere a un joven que comienza a tener barba y que puede estar en los últimos años de la secundaria o los primeros años de la universidad. La idea que Salomón comunica es que nosotros los padres estamos para continuar la instrucción de nuestros hijos mientras estén bajo nuestro cuidado; y estamos para instruir a nuestros hijos en el camino de Dios, no según nuestras ideas, formas o planes.

Es importante ver que este versículo no le garantiza a los padres que la crianza de los hijos en el camino de Dios significa que ellos nunca se apartarán de ese camino. Sin embargo, nuestros esfuerzos por instruir a nuestros hijos a que sigan a Dios serán más eficaces cuando usemos los métodos más apropiados para su personalidad única. Necesitamos dirigirnos a cada hijo de forma diferente y no compararlos con ningún otro. Necesitamos apreciar el hecho de que cada hijo se hizo de manera única. Necesitamos estudiar a nuestros hijos.

Fue sencillo ver que Jenny no era Brad y que de seguro Brad no era Jenny. Y como Jenny y Brad, cada niño tiene sus propias inclinaciones, ya establecidas por nuestro Dios Creador cuando los coloca en nuestra familia. Dios les ha dado hijos únicos. Conózcanlos.

Oración

Padre Dios, gracias por los hijos que pusiste a nuestro cuidado. Ayúdanos a conocerlos bien. Danos la percepción para conocer su personalidad única, paciencia para comprenderlos y sabiduría para saber cómo enseñarles. Ayúdanos a edificarlos a fin de que sean todo para lo que tú los diseñaste que fueran. Amén.

Tomen medidas

- ¿De qué maneras se diferencian sus hijos de ustedes? ¿Y entre ellos? Sean específicos.
- A la luz de las diferencias que identificaron entre sus hijos, ¿cómo los instruirían de manera distinta? ¿Qué enfoque tendrían con cada uno?
- Aprendan hoy algo nuevo acerca de sus hijos. Luego hagan algo con esa información.
- Díganle hoy a su hijo una cosa que aprecien de él que lo convierte en alguien especial para ustedes.

Lectura adicional
Salmo 139:13-16

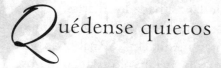

Quédense quietos

Lectura bíblica: Salmo 46:1-11

Versículo clave: Salmo 46:10

> *Quédense quietos, reconozcan que yo soy Dios. ¡Yo seré exaltado entre las naciones! ¡Yo seré enaltecido en la tierra!*

«Quédense quietos, reconozcan que yo soy Dios». Es más sencillo decirlo que hacerlo, ¿no? Es difícil hallar un momento de quietud en el día, unos minutos para relajarse, pensar y orar. Estamos siempre en movimiento, presionados por las demandas del trabajo y la familia, y toda la participación en la iglesia, la comunidad y la recreación que tratamos de darle lugar. Los momentos tranquilos con Dios no ocurren con horarios llenos. Entonces, ¿cuál es la respuesta? Emilie y yo hemos descubierto que debemos programar una cita con nosotros mismos si queremos tener un rato para descansar, planear, reagruparnos y acercarnos más a Dios. Y es probable que a ustedes les suceda lo mismo.

Mientras escribo estas palabras, estamos en un retiro en Laguna Beach, California. Es julio, y la temperatura es de 28 °C. El tiempo es perfecto y se nota cierta calma en la forma en que rompen las olas en la playa. Hemos pasado cuatro días descansando y leyendo. Esta tarde, conversamos sobre la familia, el ministerio, la comida, las metas, el amor de Dios, su Palabra y nuestros escritos. Ahora estamos quietos, y experimento esa rara sensación de quietud de la que habla el salmista.

No es frecuente que esté quieto como ahora. Mi vida no tiene el equilibrio que pienso que debería tener. Sigo estando más concentrado hacia fuera que hacia dentro. Las metas y fechas límite, el estrés, ocuparme de las actividades diarias, trabajar para la jubilación, tener las cosas hechas... dedico más tiempo y energía en estas cosas que en orar, meditar en la Palabra de Dios, prestar atención a su dirección, soñar y tan solo estar con Dios.

Cuando era joven, mi vida estaba aun más desequilibrada, pero a medida que me hago mayor, descubro que hago más de las cosas internas. Deseo glorificar a Dios con mi vida. Deseo pasar más tiempo a solas con Él. Quiero llegar a conocerlo mejor, deseo que Él me use y quiero también experimentar su paz. Es probable que también quieran estas cosas en su vida. Después de todo, los momentos de descanso regulares, el quedarse quietos del salmista, son tan importantes y necesarios como dormir, hacer ejercicio físico y la comida saludable. Así que, una vez más, ¿quién tiene el tiempo para hacerlo?

Pues bien, de seguro que Satanás no desea que dediquemos el tiempo para quedarnos quietos con Dios. Y no nos va a ayudar a eliminar las distracciones del trabajo, el estrés del jefe, las responsabilidades familiares, el teléfono que suena y hacer todo lo que necesitan los niños. Emilie y yo conocemos la batalla que es conseguir tiempo para descansar. De modo que cuando establecemos el calendario del año, apartamos períodos para estar a solas y quietos. En medio de los compromisos para hablar, las entrevistas y los viajes, programamos un tiempo para estar quietos. Nuestro matrimonio lo necesita. Nuestro andar con Dios lo necesita.

Emilie habla de la puerta hacia la quietud. Y tiene razón. Está allí esperando para que alguno de nosotros la abra, pero no lo hará por sí sola. Nosotros tenemos que optar por girar el picaporte y tomarnos el tiempo para entrar y sentarnos un rato. Cada uno de nosotros necesita aprender a equilibrar el tiempo que pasa en quietud y calma con el tiempo que pasamos en el

Quédense quietos   265

frenesí de la existencia diaria. Eclesiastés 3:1 dice: «Todo tiene su momento oportuno», y eso incluye un tiempo para estar quietos a pesar de nuestra vida agitada.

Oración

Padre Dios, la vida se mueve cada vez más rápido. Las exigencias jamás cesan y las presiones no ceden. Nos esforzamos por tener un tiempo libre. Sabemos que estaremos más relajados y podremos servirte mejor como esposos y como obreros cuando tengamos un tiempo diario contigo. Muéstranos cómo apartar ese tiempo. Amén.

Tomen medidas

- Lean Eclesiastés 3. ¿En qué etapa de la vida se encuentran ahora mismo?
- ¿Qué harán para reducir las ocupaciones de su vida? ¿Qué distracciones eliminarán?

Lectura adicional

Isaías 30:15   Salmo 116:7

Notas

1. Fuente desconocida.

2. Hyatt Moore, traductores Wycliffe de la Biblia, Huntington Beach, CA, marzo de 1995. Adaptado de un boletín de noticias.

3. Autor desconocido.

4. Autor desconocido.

5. Bill Bright, *Las cuatro leyes espirituales*, Cruzada Estudiantil y Profesional para Cristo, Arrowhead Springs, CA, 1965.

6. Elon Foster, *6000 Sermon Illustrations*, Baker Book House, Grand Rapids, MI, 1992, p. 624.

7. Libros de Marilyn Willett Heavilin, publicados por Thomas Nelson en inglés: *Roses in December* [*Rosas en Invierno*, por Editorial Vida], *Becoming a Woman of Honor, When Your Dreams Die, December's Song, I'm Listening, Lord.*

8. Este material está disponible a través de «Family Life Today», el programa radial de *Family Life*, ministerio de Cruzada Estudiantil y Profesional para Cristo. Para pedidos llamar al 1-800-FL-TODAY (1-800-358-6329).

9. Nota de la Editorial: Adaptado de *Las siete promesas de un cumplidor de su palabra*, Editorial Unilit, Miami, FL, pp. 119-126.

10. Oswald Chambers, *En pos de lo supremo*, Centros de Literatura Cristiana, Bogotá, Colombia, meditación del 19 de febrero.

11. Larry Crabb, *El Edificador Matrimonial*, Centros de Literatura Cristiana, Bogotá, Colombia, 1999, pp. 10-106 (del original en inglés).

12. Gigi Graham Tchividjian, *Women's Devotional Bible, NVI Version*, The Zondervan Corporation, Grand Rapids, MI, 1990, p. 1307.

13. Bruce Narramore, *Usted es algo especial*, Editorial Clie, Terrassa, Barcelona, España, 1989, adaptado de las páginas 61-62 (del original en inglés).

14. Phyllis Hobe, *Coping*, Fleming H. Revell Company, Old Tappan, NJ, 1983, p. 46

15. «How God Taught Me to Give», Good News Publishers, publicadores y distribuidores de tratados, Wheaton, IL.

16. Adaptación de un tratado publicado por Good News Publishers, Wheaton, IL.

17. Lana Bateman, *Poems for the Healing Heart*, Barbour & Company, Uhrichville, OH, 1992, p. 31.

18. Wilson Harrell, «Making the Grade», en *Reader's Digest*, mayo de 1995, p. 46.

19. Fuente desconocida.

20. Bob Benson, *Laughter in the Walls*, Impact Books, Nashville, TN, 1969.

21. Elon Foster, *6000 Sermon Illustrations*, Baker Book House, Grand Rapids, MI, 1992, p. 309.

22. Adaptado del libro de Elon Foster, *6000 Sermon Illustrations*, Baker Book House, Grand Rapids, MI, 1992, p. 511.

23. Jerry y Barbara Cook, *Choosing to Love*, Ventura Books, 1982, pp. 78-80

24. Tomado de un tratado impreso y distribuido por la American Tract Society, Garland, Tejas.

25. James Dobson, *Cómo criar a un niño de voluntad firme*, Editorial Unilit, Miami, FL, 1998, p. 30 (del original en inglés).

26. James Dobson, *Criemos niños seguros de sí mismos*, Editorial Betania, Miami, FL, 1993, p. 102.

27. Patrick Morley, *El hombre frente al espejo*, Editorial Betania, Miami, FL, 1994, pp. 17-20.

28. Fuente desconocida.

29. Lee Iacocca, *Hablando claro*, Editorial Grijalbo, Barcelona, España, 1988, p. 17 (del original en inglés).

30. Larry Crabb, *El Edificador Matrimonial*, Centros de Literatura Cristiana, Bogotá, Colombia, 1999, p. 22 (del original en inglés).

31. Patrick Morley, *El hombre frente al espejo*, Editorial Betania, Miami, FL, 1994, adaptado de la página 27.

32. Sam Walton, *Sam Walton, Made in America*, Doubleday, Nueva York, 1992, pp. 246-249.

33. Alan Loy McGinnis, *The Friendship Factor*, Ausburg Press, Minneapolis, MN, 1979, p. 14.

34. Stu Weber, *Locking Arms*, Multnomah Books, Sisters, OR, 1995, p. 33.

35. Beth Wohlford, editora, boletín del ministerio femenino de Willow Creek Community Church, Barrington, IL, domingo 27 de agosto de 1995.

36. Stu Weber, *Locking Arms*, Multnomah Books, Sisters, OR, 1995, p. 251.

37. *Ibíd.*, pp. 50-51.

38. Adaptado del libro de Stephen R. Covey, *Los siete hábitos de la gente altamente efectiva*, Simon and Schuster, Nueva York, 1989.